保育者のための

発達障がい相談室

橋場 隆 著

(臨床発達心理士スーパーバイザー)

目次

本書の構成

本書は、保育園や幼稚園などの保育施設に勤務する保育者のために書かれたものです。

第1章は、保育者からの相談に著者が答える形で展開しています。

第2章は、行事や活動別に支援のポイントを示しています。

第3章は、0歳から2歳までの乳幼児について、第4章は、就学に向かう年長児について記述しています。

発達障がいに関して初めて学ぶ方は、最初に巻末の「解説　4つの障がい範囲」に目を通しておくとよいでしょう。

ページ順に読み進めることにこだわらず、発達支援に迷ったときに、そのときどきの気になるテーマからお読みください。

・第1章では、それぞれの相談のタイトルの下に該当の年齢、（疑われる）障がい範囲を示していますので、担当している年齢クラス、気になる障がいを拾い読みすることもできます。
・「解説　4つの障がい範囲」では、発達障がいの分類と、幼児期に見られるASD、ADHD、知的障がいについて、解説しています。

第1章 保育現場から22の相談

かんしゃく、乱暴、偏食、午睡の拒否……。保育者が指で×をつくってみせても、笑っています。

3歳児クラスのYくんはもうすぐ4歳の誕生日がきます。お母さんの話では、最近、相談センターにて「ASD（自閉症スペクトラム障がい）」の診断を受けました。自分の思いどおりにならないとかんしゃくを起こして自分の手をかんだり、そばにいるお友達をたたいたり、つねったり、「アー」と叫んで走り出してドアや窓に突進したりします。そのほかにも、頭突きや爪でひっかこうとするので困っています。とにかく、何の前ぶれもなく突然です。言葉はなく、真似もしません。排泄も自立していません。今はおむつです。おしっこが出ると自分で脱いで裸になってしまいます。極端な偏食で、給食は白いご飯しか食べません。飲み物も市販の特定のものだけです。部屋からの飛び出しが多く、毎回追いかけて、抱っこして連れ戻していますが、それ

3歳児クラス男子

ASD

知的障がい？

を笑顔で楽しんでいる様子が目立っています。テーブルの上に立ち、降りるように指示しても何度もくり返します。水いじりも好きで、いつのまにか水道やトイレで出しっぱなしにしていたずらしています。保育者が指で×をつくって、「ダメ」といっても笑っています。お友達とのかかわりもほとんどもてず、自分勝手に動き回っています。ときおり、ミニカーや絵本を１列に並べることに集中していますが、じゃまされると大声で騒ぎます。散歩では手をつなぐのを嫌がります。動きが激しく危険認識もないため目が離せません。午睡も大変です。なかなか寝つかず、毎回暴れて抵抗します。制止しても、かえって興奮させることになってしまいます。

家では、お母さんもつい怒ってしまうことが多くなり、ますます子どもをいらいらさせてしまうのではないかと心配しています。

Ｙくんにどうすれば、やってはいけないことを理解してもらえるのか、悩んでいます。

課題の整理

Ｙくんは、相談内容から知的障がいを抱えていることが推測されます。まずは、行動の問題性を整理しましょう。つまり、「なぜ問題なのか」を把握していくことが必要です。

取り組むべき問題行動を職員間で共通理解してから、それぞれに対処するようにします。なかでも、本人も友達もケガするかもしれない、命にかかわるかもしれない行動が最優先になります。それは、危険・乱暴・興奮行動です。

報告をまとめると、以下の項目になります。

1 「友達をたたく、つねる」「ドアや窓への突進」「頭突き、ひっかき」「かんしゃく、手をかむなどの自傷」は一貫した対応が必要です。

2 危険という意味では「手つなぎ拒否」も該当します。外散歩などで手を振り払って走り出す突発的行動はとても危ないからです。

3 栄養の偏りを招く「偏食」も改善していくことが望まれます。

4 衝動的な「テーブル乗り」「水いじり」「部屋からの飛び出し」も対応する必要があります。

5 基本的身辺処理として「排泄」「午睡問題」も重要です。

6 子育て上の悩みを余儀なくされている母親への支援も考えていく必要があります。

取り組む最優先は1になります。2～6に関しては、時期や担任の配置、子どもの数、年齢、保護者との話し合い、現場の事情などによって取り組みの優先順位が変わる場合もあります。

実践

まず、基本的な準備として、Yくんへの言葉かけを保育者同士がある程度決めていくことがポイントとなります。だらだらとした説明口調や他児同様の言語的指示は理解困難でしょう。発語が認められない状態ですので、1～2語文の指示・言葉かけが重要です。たとえば、「○○するよ（だよ）」「○○します」などです。ここからスタートします。以下、項目に沿っての具体的な対応を示します。

1 危険・乱暴行動を事前（直前）に止めることがポイントです（ブロック）。タイミングよく止めて、「いけない」「しません」としっかりとした口調で、真顔で言い渡すこと、決して事後対応にならないこと。Yくんの気持ちをほかのことに向けさせる対応を工夫します。感触遊びや好きなおもちゃなどは利用できます。いろいろ試してみてください。

2

手つなぎを嫌がる理由がいくつか考えられます。まず、束縛されることを嫌がる。さらに、大人側の手の握りが強くなることも嫌がります。汗ばむ手も嫌がります。望ましい形は、子どもから大人の手や指を握ってくるように指導することです。見通しを楽しくもてると実現され始めます。たとえば、公園の写真を見せて、「公園行くよ」と声かけしてから、きつく握らず手つなぎします。もう一方の手に公園で遊ぶ道具を持たせることで見通しがつきやすくなります。

3

偏食はＡＳＤの子どもに目立っています。食わず嫌いで、味覚へのこだわりもあります。強い偏食の場合は、短時間での改善は難しいですが、保護者と話し合いながら工夫していきましょう。たとえば、ほかの食べ物をひと口食べてから「ご飯だよ」の順番が定着してくれば、改善されていく可能性があります。

4

多くは暇つぶし的に頻発します。大人側の反応も影響します。行動⇒大人の反応（注意、叱責など）⇒行動のくり返しとなります。また、目にしたもので問題行動が誘発されたりもします。環境設定の見直しも必要です。たとえば、一定時間、水道の蛇口を固定することも工夫のひとつです。飛び出しには、毎回追いかけて抱っこして連れ戻すことは、追いかけっこと快適な抱っこが付随し、楽しくなり、逃げ回ることが増えてしまうのです。無言・無表情で連れ戻してください。部屋に戻れたら楽しいかかわりを工夫しましょう。

5

おしっこの排泄指導は排尿間隔を知ることがポイントです。たとえば、お漏らしから次のお漏らしまでの時間を、仮に10回計ったとすれば、その総時間を10で割ればおおよその間隔を知ることができます。ただやみくもにトイレに誘えば排泄ができるようになるとは限らないのです。お漏らしをする直前の様子の変化も把握するようにしましょう。季節によっても間隔は違ってきます。暖かくなり始める季節がトレーニング開始に向い

ています。当初は、おしっこが出る、出ないよりも、便座にすわることの練習です。すわっている時間も、歌ったり数をかぞえたりしながらパターンで教えていくとわかりやすいでしょう。うまくできたときには心からほめてください。行動の流れをわかりやすい形にして、一貫して教えていくことが効果的です。

また、午睡は、入眠させることに焦らないでください。ひと足先に部屋に入って、静かな状況で、布団に入って横になることを教えていきます（保育者がひとりつくことになります）。また、午睡部屋にパーティションなどで部分的に視界が制限された空間をつくることもひとつの方法です。過剰な刺激で気持ちが落ち着かなくなることを嫌がることがあるのです。さらにタッピング（トントン）したり、頭や体をさすったりして心地よい刺激を伴わせることも効果的です。

6

家庭の内外で、子育てに悩む母親へのサポートを大切にしていきましょう。母親の話を丁寧に聞いていくことが大切です。そして段階的に連携していくことが望まれます。しかし、配慮しなければならないこともあります。たとえば、園で簡単にできてしまうようなことでも、家では難しいことがあるということです。決して、指示的ではなく支持的でありたいものです。そして、どんな小さなことでもＹくんががんばったこと、できるようになったことを笑顔で伝えて一緒に喜んでください。ときには、母親のがんばりもほめて、子育てを応援してください。

絶えず動き回っている子。自分の思いどおりにならないときは、いつまでも泣いています。

3歳児クラス男子

ADHD?

3歳児のSくんへの対応に困っています。とにかく落ち着きがありません。ひとつの遊びに集中できず、絶えずあちこち動き回っているように見えます。保育者が違う遊びに誘っても続きません。ただヒーローごっこや戦いごっこには興味があって、鏡の前でポーズをとったりして自分の世界に入っています。気持ちや行動の切り替えがうまくできません。

園庭からの入室や身辺作業などはいつも遅くなります。特に食事前、午睡前の片づけや支度のときに目立っています。「いま、なにをするとき?」と質問すると「〇〇するとき」とちゃんと答えますが行動が伴わず、いつまでもふらふらしたり、戦いごっこのようなことをやっています。

着替えの服やパジャマ袋を持つと振り回したり、投げたりします。注意してもすぐく

り返します。ちょっとしたことでお友達とトラブルになり、つかみ合いやひっかき、たたいたり、蹴ったりが始まります。ゲームなどで負けたり、自分の思いが通らなかったりすると、保育者が何をいっても納得せず、気に入らないと怒って、乱暴な言葉で怒鳴りながら部屋を飛び出てしまいます。大泣きするうえに、いつまでも泣いています。

大切な話も聞くことができず、毎回注意することになります。今後どのように保育していけばよいのか、また、お母さんにはどう話していけばよいのでしょうか。

課題の整理

相談内容から、Sくんの状態は、ADHDが疑われる多動範囲にあるといってもよいでしょう（診断は医療機関で行われます）。現段階では、お母さんは相談機関には行っていないようですが、今後に向けて考えていきたいところです。

さて、まずは問題行動を整理してみましょう。対応すべき最優先は、危険・乱暴・興奮行動です。なぜなら、本人も友達もケガするかもしれない危険な行動だからです。報告をまとめると、以下の項目になります。

1 友達とのトラブル時の「つかみ合い、ひっかき、たたいたり、蹴ったり」「服やパジャマ袋を振り回したり、投げたり」などの乱暴な行動への対処が必要です。

2 「ふらふら行動、ひとり戦いごっこ」などの行動もいつまでもやっていると問題行動へのきっかけになりやすいものです。「気持ちや行動の切り替え」をうまくコントロールする工夫が必要です。

3 勝ち負け、一番などへの固執も問題となります。思いどおりにならず感情が高ぶって（興奮して）、かんしゃくを起こして「怒って、乱暴な言葉で怒鳴りながら部屋を飛び出る」「大泣き」行動への対処も考えましょう。

4 大切な話を聞けず、よそ見をしたり、友達にちょっかいを出したりする場面での指導と工夫が必要です。

5 今後に向けての話を進めていくためにも、お母さんへの対応も考えていきましょう。

最優先は1になります。2〜5に関しては、時期や担任の配置、子どもの数、年齢、保護者との話し合い、現場の事情、そのほかによって取り組みの優先順位が変わることもあります。

実践

Ｓくんは、園生活の様子から多動性をもっていることがわかります。この意味において、留意しておかなければならないことがあります。この多動性は、乳幼児期において、そうそう容易に改善されるものではないことを理解して保育していくことが大切なのです。つまり時間を要するのです。ともすると、指導や言い聞かせを重ねながらもなかなか進展しない状態に対して、周囲（大人）が振り回され、いつのまにかイライラや過剰な叱責などの不適切な対応や指導のくり返しになりかねないのです。焦らずに一貫して取り組んでいくことが望まれます。1〜4の数字は、「課題の整理」の数字と照合してください。

1

乱暴行動は兆しを見つけて先手を打って止めましょう。「やめなさい」「いけない」としっかりとした口調で、真顔で言い渡すこと（ものを振り回す行動も同じです）。くれぐれも事後対応にならないことを心がけましょう。そしていち早く、乱暴し合う子どもを離すようにしてください（興奮時に説諭することは避ける）。身辺作業時には、Ｓくんの作業空間をパーティションなどでつくることも工夫のひとつです（刺激の統制）。毎回事前に約束して、できたら笑顔でほめましょう。

2

何もやることがない暇なときに出現しやすいので、仕事や役割、手伝いなどを工夫して与えてください。決して難しくない内容や、好きなことなどを取り入れると効果的です。できたら毎回ほめましょう。あらかじめ、予定を告げて見通しをもたせることも先々役立ってきます。この見通しの獲得は重要です。試してみてください。

3

競い合う場面で、こだわりや執着となって見られます。事前に勝ち負けや順位に関する話をして結果にこだわらない気持ちを養っていくことが大切です。憤怒や大泣きに対しては、集団から出して落ち着かせ（タイムアウト&クールダウン）、その後戻すようにしましょう。

4

話を集中して聞き続けることが苦手です。注意が散漫になりやすく、友達の反応を求めてちょっかい行動などが多くなります。着席位置を工夫しましょう。いろいろなものが視界に入らない位置にすること。近辺に反応の顕著な友達を配置しないこと。話をする保育者の前に着席させて、注意は近距離からするようにしましょう。終了後は約束どおりに楽しい活動につながる工夫が望まれます。

5

家庭でも困っている事情が推測されますが、その困り度がケースバイケースになることも子育ての現実です。保育者側の困り感や心配の押しつけにならないように配慮しましょう。子どもの実情を伝える保育者が母親から信頼される保育者であるとは限りません。母親が抱えるさまざまなストレスを理解しながら、みんなと仲よく楽しく過ごせる園でありたい、という気持ちを忘れずに保護者に寄り添ってください。

焦らずに笑顔で保育していきましょう！

相談 3

2語文以上の指示が理解できず、集団遊びについていけません。お漏らしも心配です。

4歳児クラスに進級したYちゃん（女児）の相談です。2歳児クラスに入園した当初は、言葉が聞かれず、あいさつもできませんでした。指示にも従わず、保育者の言葉かけもほとんど理解できていませんでした。個別に簡単な指示や声かけを心がける毎日でした。ものを見せたり、ジェスチャーを交えて伝えたり、一緒に行動する援助を行ったりしました。3歳児クラスに進級するあたりから、発音は不明瞭ながら、「おはよう」や「バイバイ」などが聞かれるようになってきました。でもまだ自分の思いや要求はうまく伝えられず、全体へ向けた指示を聞いて動くことなどは苦手でした。排泄面もお漏らしがなくならず、配慮が必要でした（現在も続いています）。半面、遊びの様子には成長が見られました。お友達の後を追って走り回る姿や、楽しいときには大きな声を発したり、日々

4歳児クラス女子

知的障がい？

の笑顔も増えてきました。年度後半あたりからは、個別的な指示理解にも成長が見られてきました。表現も「○○できた」「□□たべる」など簡単なことはいえるようになりました。ただしふたつ以上の指示には従えず、次にすることがわからずに動けなくなったり、お着替えもせっかく脱いだ服を着てしまったり、なかなか毎日のくり返しが覚えられない状況でした。今、４歳児クラスになり、みんなで楽しむ集団ゲームやダンスなどの内容が難しくなっています。Yちゃんはルールが理解できず、ひとり違う動きになってしまうことが目立っています。楽しく集団遊びに入ってほしいのですが、最近は、誘っても拒否したり、嫌がったりすることが増えているように感じます。

このまま、一つひとつ声かけしながら、手取り足取りで保育していくしかないのか、また、お母さんとはどうつきあっていけばよいのか、今後の保育で悩んでいます。

課題の整理

Yちゃんの入園からの様子を見るかぎり、そのゆっくりした発達状況から、知的障がいをもっていることが推測されます。日々の行動傾向から、乱暴性や極端な興奮性は見当たらないようですので、この点に関して、緊急性は低いと思います。

現在4歳児クラスですので、就学までは2年間あります。まずは、相談内容をもとに、この1年間の個別保育目標を絞ってみることから始めましょう。経過からすれば、

1 指示理解やコミュニケーションが年齢相応には届いていないことがよくわかります。

2 重要なのは身辺処理の獲得です。どうやらまだ排泄や衣服の着脱などに課題が見られるようです。

3 集団参加の促進も気になるところです。

4 保護者支援（保育者と保護者との関係性）も大切です。

以上の4つでしょうか。

もちろん、右記したほかにも要支援事項（子ども自身に望まれること）はいくつもありますが、まずは当面の課題を整理したうえで、個別目標を掲げて実践していくことが、「発達に課題を抱える子どもの保育実践」のポイントとなります。あれこれ気になることに振り回されながらの保育はゆとりがなく、結局、なにひとつ実現できないまま送り出すことになりかねないのです。

実践

掲げたYちゃんの個別保育目標に合わせて保育していきましょう。以下、数字は「課題の整理」（右のページ）と照合してください。

1

言語発達がとてもゆっくりであることがわかります。現時点では、指示内容がわかりやすいことがポイントになります。2〜3語文程度の声かけや指示フレーズにしていきましょう。たとえば、「○○するよ」「○○を△△します」と定型的にすることもよいでしょう。同時に生活に必要な役立つ表現（「○○ください」など）も場面に応じて模倣させるようにして教えていきましょう。上手に行動できたら、そのつどほめてください。

2

排泄に関しては、遊び時間などにお漏らしが続いているようであるなら、時間排泄の組み立てから始めたほうがよいかもしれません。改めて、Yちゃんに声かけして排泄に

促す（誘導する）ための基準となる時間間隔をもちましょう。着脱に関しては、気が散らないようにパーティション（手作りでもよい）を使って集中できるように空間を工夫し、着替える衣服は順番にわかりやすく並べて教えていきましょう（順呈示）。その積み重ねが練習になります。そのつどほめながら進めてください。

3

集団取り組みのルール理解は大切なのですが、今の段階で友達と同じ水準を求めることは難しいでしょう。可能な範囲で先生や気の合う友達と一緒に動くように工夫することがポイントです。楽しい気持ちを感じて、もてるように進めていきましょう。

4

乳児期はそれほど気にならなかったことでも、やがて時間経過とともに、保護者にとっては徐々に不安となって増大していきます。同年齢の他児と同じように時間と経験を重ねながらも、学習から生活まで自分でできることが少ない状況に焦りや不安を余儀なくされるのです。保護者の話を聞き、その思いを受けとめながら、Yちゃんの個別保育目標を共有して保育していくことが大切です。

かつては知能指数の「70」という具体的な数値基準がありましたが、新しい診断基準（米国版ＤＳＭ-５）ではそれがなくなっています。しかし、日本の就学に伴う判定作業においては、この数値が対象となる子どもの進路先を判断するための手がかりのひとつであることは事実です。

保護者と同じように、保育者にとっても一人ひとりの子どもたちの進路や行く末は気になるところですが、日々の保育のなかで、子どもたちの笑顔が失われないように、楽しい保育を実践していってください。

相談 4

小学校では特別支援学級に入ったほうがいいのか、お母さんから相談されました。

5歳児クラス男子

現在、5歳児クラスのSくんの相談です。

保育園生活は、2歳児クラスからスタートしました。入園当時から、乱暴な行動が目立っていました。お友達の上に乗ったり、おもちゃの取り合いでたたいたり、押したり、物を投げたりすることが絶えませんでした。いすにすわることを嫌がって、着席が必要な場面では毎回床の上でひとりゴロゴロしていました。特に製作の時間（折り紙、粘土、お絵描きなど）は「イヤ～！」といって逃げ回ったり、誘いに抵抗してひっくり返って泣いたりすることも多くありました。保育者間でも気になる子のひとりにいつも名前が挙がっていました。年度の後半に、当時の担任が母親との話し合いをもったのですが、そのときを境に、母親は子どもの話を避けたがるようになりました。5歳児になった今も、Sくん

はお友達とのトラブルが多く、ちょっとしたことに大声で怒鳴ったり、部屋を飛び出したりします。全体へ向けた話なども最後まで聞くことができません。

先日の5歳児面談で、小学校の話になり、初めてお母さんが気持ちを打ち明けてくれました。このままでは、学校のクラスについていくことができないかもしれないこと、特別な学級がよいのか、そこまでは考えなくてもよいのか、どうすればよいのかわからず、不安な気持ちでいることを話してくださいました。

担任として、この先、お母さんとどのようにつきあい、話をどう進めていけばよいのか自信がありません。Sくんのことも心配です。

課題の整理

卒園までに可能な支援内容を整理しましょう。以下のふたつを検討したいと思います。

1　保護者（母親）支援

すでに5歳児クラスになっているわが子の就学問題に対して、現実的にどう行動を起こせばよいのかわからず、焦りと不安でいっぱいになっているのです。経緯からすれば、2歳児クラスに入園した当時、園でのわが子の様子を「先生から聞かされた」事実に対して、どう受けとめてよいかわからず、困惑と抵抗から背を向けたのではないかと思われます。

親からすれば、1～2歳児の段階では、まだまだ赤ちゃんのようにとらえていることが多く、集団のなかで見せる子どもの姿を話題になるほどの特別な問題として受け入れることはできにくいのです。おそらく、その後はわが子の成長をずっと気にしながらの日々だったのではないかと思います。園の先生方と前向きに膝を交えて話し合いたい気持ちをうまく言い出せないまま、さらにタイミングを失ったまま、時間だけが経過したのでしょう。

実際、こういったケースはそれほど珍しくなく起きているのです。そういう意味では、園側にも先々を意識した、もっと上手な保護者支援へのアプローチが必要だったのではないでしょうか。卒園までの時間を通して、親の気持ちに寄り添いながら支援していくことが望まれます。

2 状況の推測

相談内容から、入園後から現在に至るまで、Sくんの日々の様子には、発達的な課題が見え隠れしています。ここで、あれこれ決めつけることはできませんが、少なくとも、

就学後には不利な状況が推測されます。そのいくつかを以下に挙げてみます。

❶集団生活への適応困難

基本的な生活習慣が身についていない事実です。たとえば排泄、食事、衣服の着脱、ものの管理などがうまくできない。集団で順守しなければならないルールや規律が守れず逸脱しやすい。ちょっとしたことに過剰反応して大騒ぎになったりする。がまんができずトラブルになる耐性の低さ。一日の見通しがもてない。いわゆる全般的な自己管理ができないなど。

❷対人関係困難

相手との言語的・非言語的コミュニケーションがうまくできないため孤立しやすい。物事の善悪の判断がよくわからないためちぐはぐな言動になりやすい。状況や場をうまくとらえることができず自己中心的な行動に走りやすいなど。

❸学習困難

勉強（教科学習）の基本的な理解ができず徐々に学習が遅れていく。それに伴って意欲の低下が始まり、学校や学習から逃避的になっていくなど。

❹問題行動の頻発

ともするとストレスや欲求不満から乱暴行動が頻発し、興奮、突発的行動、拒否、逃避、登校しぶり、不登校につながりやすいなど。
これらの予測される状態に対して、在園中の配慮ある支援保育が必要になります。

実践

1 保護者（母親）支援に関して

相談に関する具体的な方法、段取りの情報を手渡すことから始めましょう。地域の役所に出向いて（あるいは、電話して）就学相談の窓口で尋ねれば教えてくれます。また、地域の教育センターにおいても、話を聞くことができます。あるいは、近くの保健所で尋ねてみてもよいと思います。相談先の住所や電話番号、あるいはパンフレットなどを得ることで連絡する気持ちになれば、就学準備への第1段階はセットされたことになります。

もし可能であるなら、保護者に同意を得て、担任保育士が就学相談に同伴していくことも大切なことです。保護者にとって心強い味方になります。母親からすれば、あれもこれも初めてのことばかりであり、不安と戸惑いにさらされている

ときに、信頼できる担任の存在は頼りになるものです。

一定期間に所定の手続き（面談や検査など）をすませてから、教育委員会側から進路判定の助言を得ることになります。たとえば、特別支援学級への適・不適などです。この助言に関しては、決して強制的ではありませんが、しばしば一喜一憂を経験することもあります。

保育者の立場として、焦ることなく保護者の思いに寄り添いながら支援してください。

2　Sくんへの対応に関して

Sくんは、自分の気持ちと行動のコントロールがうまくできていないようです。精神発達も幼く、自分の思いどおりにならない場面で興奮を抑えられず爆発させているようです。就学後を考えたとき、不適応を招くことが想像に難くありません。

一日の流れを事前チェックして、Sくんの問題事態を予測しながら、乱暴・危険な行動には約束の設定や事前ブロック（事前に止める工夫）を心がけて、さらに興奮事態にはタイムアウトとクールダウン（集団から出して落ち着かせる）をくり返しながら保育してください。徐々に、問題のない場面をうまく利用しながら、本人へ仕事や手伝いなどの活動をもたせて、ほめて認める機会を上手に増やしてください。Sくんが元気に卒園と就学を迎えられるように目標を掲げて保育していきましょう。

相談 5

乱暴や、友達が嫌がることをしつこくくり返すNくん。お母さんは腫れものにさわるような態度です。

4歳児クラス男子

「4歳児クラスのNくんは、とても明るい子です。誰とでも遊び始めるのですが、お友達が嫌がることをしつこくくり返して、トラブルになります。保育者に注意されたとき、「うるさい！」「そんなこと知っている！」といって、話を聞こうとせず、いつも不機嫌になってふてくされます。自分がいけないことをしたのはわかっているようですが、「ごめんなさい」を促してもいいません。ときには、相手を笑わせて、ごまかすこともあります。また、不機嫌になったとき、保育者をたたいたりなど、乱暴に手や足を出してくることもあります。場所を変えて、個別に話すようにしてきましたが、この対応でよいのか、いつも迷います。Nくんが何を考え、どう思っているのかがわかりま

せん。

　お迎えのときは、お母さんが何回も「帰ろう」と声かけしても、まったく聞いていません。わざと物を投げたりします。そういうときでもお母さんは拾ってきて、やさしく話しかけています。Ｎくんの気分を損ねないようにしているように見えます。終始、まるで腫れものにさわるようなかかわり方です。ますますＮくんの勝手な行動がエスカレートするように感じます。お母さんに対してのアドバイスで悩んでいます。どのように話せばよいのでしょうか。

検討と助言

　いつの時代も、子育てには理想と現実の両面があり、表裏一体となっています。

　今、増えつつある「発達障がいを抱える子ども」の育児には個人差はありますが、多くの場合、困難さがつきまといます。子どもにどう向き合えばよいのかわからなくなって出口のない迷路に陥ったようになり、疲れ果てて、心身ともに動けなくなってしまう保護者は少なくありません。

　障がいのある子どもとともに過ごしていく育児という道のりの途上で、さまざまな状況を余儀なくされます。以下は、その一部です。

育児不安

「この先どうなっていくのだろう」「この子はどうなってしまうのだろう」という明日が見えない不安は計り知れません。今は幼児期であっても、やがては身体も大きくなり、青年、成人になっていきます。どういう人間に育っていくのか、見えない将来に対して、何をどうすればよいのか、どこに行けばよいのか、誰に尋ねればよいのか、何ひとつわからない状況のなかで、時間だけが過ぎていくのです。

育児ストレス

やさしくいっても、厳しく叱っても、なかなか思いどおりにならない子どもを相手に、どうすればよいのかわからない、逃げ場のない壁にぶつかることが少なくありません。気持ちにゆとりがもてずいらいらしたり、怒りっぽくなったり、その毎日にストレスが生じやすくなっていきます。親としてあるべき姿はわかっていても、それがかなわない日々もあります。子どもに当たったり、自分を責めたりのくり返しのなかでさらにストレスをためていく時代を経験するのも、また親なのです。

孤独感

乳幼児期から、誰にも相談できない子育て問題を抱えながらの育児の日々。終始マイペースな子どもには友達もできにくい。それは同時に、母親にも友達ができにくいことを意味しています。子どもが小さいほど、子ども同士の関係を通して親同士が知り合えることが多いものですが、それが乏しく少ない状況のなかで保護者は孤独を余儀なくされます。

家族や実家、親族も事情はわかっていて、子育てへの援助や協力をしたとしても限界があり、難しいのです。やはり育児の機微は親へ押し寄せてきます。子どもにひとり向き合う日々が続き、いつしか孤立を余儀なくされていくことも少なくありません。

心身の疲れ

孤軍奮闘の育児の日々に、やがて心身ともに疲れきってしまいます。うつ症状に至ることもあり、精神的にも深刻な状況になる場合があります。


Nくんの日々の様子は、自己中心的な行動が目立っています。保育者からの指摘や注意に対して、反抗的、拒否的な反応も目立っています。

今までの園生活を振り返ってみてください。複数の職員の判断で、改善や理解の進展が乏しいとすれば、確かに、これらの頑固な対人反応は気になるところです。とはいえ、今回の相談内容だけでは、情報が少ないことは否めません。背景に発達的な問題（障がい）があるかどうかは、とても微妙で難しいところです。

ただし、このままでは、やがてNくんは友達から敬遠される存在になってしまうかもしれません。

まずは、お母さんと、Nくんの友達との日々の様子を話し合ってもよいのではないでしょうか。

その際、「Nくんが、みんなと仲よく、楽しくできるように保育を通して、伝えていきたい」という気持ちをもちながら、話し合います。問題行動だけを取り上げて、「困っている」という話にならないように気をつけましょう。お母さんも不安な気持ちで、どうしてよいかわからないでいるのではないかと思います。その不安な気持ちを理解してください。お母さんに寄り添う気持ちで話し合ってください。

Nくんへの対応問題ですが、不機嫌でふてくされたときには、すぐに言い聞かせるより、しばらく取り合わないで、それとなく様子をうかがうことも方法のひとつです。Nくんの気分が切り替わったときに、個別対応を実施してみてください。

お母さんとNくんの笑顔が多く見られるようになることを期待しています。がんばってください。

相談 6

6歳なのにまだはさみを正しく持てません。絵は、いわゆる「頭足人」しか描けません。

「製作（はさみ、描画など）の教え方で悩んでいます。はさみの持ち方はこれまで何度も教えてきましたが、毎回自己流の持ち方になってしまいます。かならずはさみを自分に向けたまま、外側から指を入れて持ちます。顔の絵にしても、丸の中に曲がった線で目や口（？）があって、その顔から直接手や足が線で出ています。就学に向けて心配です。」

5歳児クラス男子

発達性協調運動障がい？

この子のように、いわゆる手先の不器用さを見せる子は少なくありません。しかし、年齢が6歳ではさみの持ち方ができないとなると、周囲の大人としても悩みますね。さらに次年度就学ともなればなおさらでしょう。

一般的に、「不器用さ」は程度の差こそあれ、大人でも見受けられますが、子どもの時期にはその差が大きく見られることが少なくありません。発達課題のなかに、運動発達の範囲がありますが、それはさらに粗大運動（走行、ジャンプなど）と微細運動（手先、指先の動きなど）に分かれています。微細運動（巧緻性）に課題がある場合、この相談のような状況になるでしょう。それが顕著に目立つ場合、「発達性協調運動障がい」という範囲に入ることもあります。

顔の描画にも課題が見えています。描画年齢からすればかなりの幼さが推測されます。巧緻性に課題があれば、描くための操作は随意性が低くなり、結果は幼い表現になるかもしれません。もうひとつはイメージの持ち方に課題があることも考えられます。

まずは、モデルのトレース（上から写すようになぞる）など視覚的にとらえながら描くトレーニングがいいかもしれません。最初は形（○、△、□、◇、曲線など）から始めて、電車や車などの好きなものをシンプル化した素材へと進めていくことが受け入れやすいでしょう。就学に備えて、徐々に文字（ひらがな、数字、カタカナなど）にもトライしていくこともいいと思います。大いにほめながら支援してください。

相談 7

名前を呼びかけても反応しません。指さしはしません。歩行は不安定で転びやすいです。

2歳児クラス男子

「喃《なん》語《ご》がときどき出ています。気に入らないとき、うれしいときなどです。名前を呼んでも、話しかけてもほとんど反応はありません。2歳6か月ですが、そばにあるものは何でも口に入れてしまいます。指さしはしません。泣いている子をたたきます。おもちゃ遊びには興味を見せません。でも、特定の絵本の読み聞かせにはにこにこしながら反応します。自分でページをめくったりもします。動きは歩行が不安定で転びやすいです。本児に発語がなかったことから、お母さんは、専門機関に通い始めました。でも、本児のことを細かく伝えてもらえません。どうしていけばよいのか、保育に悩んでいます。」

お子さんの様子からすると、言語発達をはじめ身体的な発達も含めて全般的に遅れている状態にあることがわかります。通常発達にある2歳半過ぎの子どもたちは、言葉もつながって、すでに2語文や3語文のやりとりが可能です。ほかにも気になる点があります。

呼びかけに対する反応や指さしが見られないこと。そして、特定の絵本に示す興味・関心の偏りです。年齢からすれば、保健所などの医療相談機関において、もうしばらく様子を見ていきましょう、ということになることもあります。しかし、それは、何もしなくてよい、ということではありません。

相談内容が保護者との関係に悩んでいるようなので、その観点から検討しましょう。今の状況で、母親との関係づくりに焦ることはかえって遠回りになるかもしれません。母親が専門機関に足を運んだということは、母親の気持ちに不安や心配が確実にあることを示しています。しばしばそこには孤立感があります。今は、それを静かに受けとめていくことです。保育環境のなかで発達支援を進めていくことは可能です。発達とか成長などの直接的な表現には留意が必要です。そのうえで、個別的な保育目標を立ててください。生活に沿った項目を1～3個ぐらいがよいと思います。はじめから、張りきって数多く掲げるとまとまりがつかなくなることがあります。たとえば、①生活上（排泄、食事、着替え、移動など）の指示や言葉かけをわかりやすくして誘導や援助方法を決める。②表情がよくなる快いかかわりを大切にしていく（好きな絵本、身体接触遊び、音楽設定遊びなど）。③要求行動と指さしを一貫して見せながら（誘導して）教えていくなどです。早い時期に保護者面談を設定して、母親に丁寧にお話ししてこれらを了解してもらう。そんなことからスタートします。まずは、この子と担任の日々のかかわりを知ってもらい、見せていくことが保護者支援の第1段階です。

着替え中に服やパジャマ袋を振り回すなど、興奮すると動きが止まらなくなります。

「楽しくなってくると興奮して、声をかけても動きを止められなくなります。そのたびに、静かな場所へ連れ出して落ち着かせるようにしています。最近は注意をしても聞こうとしない姿があります。生活行動でも、別なことに気が向くと、やっていたことが中断されます。たとえば、着替え中に服やパジャマ袋を振り回すことに夢中になったりします。一斉指示も通りにくいです。お母さんも困っていて、スーパーなどでは走り回って、注意すると反抗的になり手に負えない状態になるようです。もう4歳です。」

3歳児クラス男子

ADHD?

いわゆる興奮の自己統制がうまくできない状態がくり返されていると思われます。対応として、静かな場所へ連れ出すタイムアウト（刺激のない場所へ移動させる処置）は正解です。子どもが自分でもコントロール困難になっている場合は、危険などを予測して、対処せざるを得ないときがあります。

相談にもあるように、この子には落ち着きの乏しさが目立っているようです。ともすると注意が散漫になりやすく、ちょっとした刺激によって興奮状態になることが日常的なのです。お母さんからも買い物先での困った様子が報告されています。このような状況は多動児に多く認められており、なかにはＡＤＨＤ（注意欠如・多動性障がい）の診断を受ける子も出現します。実は、その数が年々増加しているという情報もあります。小学校においても、近年ますます問題化しています。保護者も教師も悩み尽きないところです。幼児期でも同じです。

園内生活においては、保育者が状況を予測して対応していくことが望まれます。一日の見通しをもたせていく工夫がポイントです。事前約束を設定して守れたらほめて認めていくようにしましょう。危険・乱暴・興奮行動には、基本的にブロック（発生前に止めること）が重要です。ついついやりがちな興奮時の言い聞かせは効果的ではありません。子どもが落ち着いているときに話し合う（指導する）ことがポイントです。

お母さんには、対応方法についての了解を得て理解してもらうことが大切です。そして、「子どもたちがみんな仲よく楽しく過ごせるように保育していきたい」という担任としての気持ちを笑顔で示してください。

相談 9

1対1の会話はできても、一斉指示は聞き続けることができずに、近くの子にちょっかいを出します。

3歳児クラス

多動症候群

ADD? ADHD?

「おしゃべりで、1対1の会話はできます。ところが、集団になると落ち着きがなくなり、大人の声かけや指示を聞いて動くことが下手になります。集団場面できちんと話を聞き続けることができず、隣の子に話しかけたりするので注意されることが多くなります。登園時も友達を見るやいなや話しかけて夢中になり、朝の支度もおろそかになります。片づけも友達とふざけたりして、なかなか終わりません。

お母さんはけっこう厳しく言い聞かせたりしていますが、「マイペースな子」といっています。最近4歳になりました。」

一般的に、3歳前後の時期は落ち着きが乏しいものですが、どうやら、少し目立った多

動傾向をもっているお子さんのようです。友達とのかかわりが大好きなのでしょう。ちょっとしたことに興奮しやすく、特に、人の多さやにぎやかさなど刺激の多いところでは、気持ちも安定性を欠きやすく、聞くことへの集中ができにくくなります。集団場面や一斉空間では刺激の量がどうしても多くなります。その影響を受けて自己制御が難しくなり、同時に大人の話へ持続的に気持ちを向けることができなくなります。どうしても近くの友達にちょっかいを出すなど逸脱が多くなります。興奮しやすさを伴うことも少なくありません。

これらは、程度の差こそあれ、幼児期や学童期にはしばしば見られる状態でもあり、いわゆる「注意不全」「注意散漫」「不注意」などといわれているものですが、状況によっては多動症候群も考えられます。ＡＤＤ（注意欠如障がい）、ＡＤＨＤ（注意欠如・多動性障がい）がよく知られています。

まずは、集団場面や一斉空間での着席位置を工夫してみましょう。その際、同じような反応を見せる友達からなるべく離すことも考慮しましょう。できれば話をする大人（保育者）の近く（前など）に着席してもらうようにしましょう。話の途中で、本人の注目が外れそうになるタイミングをとらえて、保育者が「ちゃんとお話を聞こうね」「先生を見ようね」と注意を促していくことが望まれます。少しでもがんばれたらほめてください。

服や靴、帽子すら自分から着脱をしようとせず、泣きながら「やって」と言い続けます。

「日常的に服や靴の着脱を嫌がって誰かにやってもらおうとします。泣きながら「やって」を言い続けます。帽子の着脱さえもやってもらおうとします。また、遊んでいる最中に突然、そばにいる友達に頭突きのようなことをして、相手が嫌がってもしつこく続けます。発語が少し遅かったのでやりとりは幼いです。排泄はおむつです。トイレに誘導されてすわっても「でない」といいます。手に何かがつくことを極端に嫌がります。ジグソーパズルが得意で50ピースぐらいはできます。家庭では、大人が全部やってあげているようです。3歳2か月です。」

この年齢からすれば、日常的にすべてやってもらっていると、それが当たり前であるかのような甘えや依存的な反応を見せることは珍しくないでしょう。いわゆる「わがまま」といわれるエピソードです。しかし、相談内容をよく読むとそれだけでは説明がつかない光景が書かれています。

それは「遊んでいる最中に突然、そばにいる友達に頭突きのようなことをして、相手が嫌がってもしつこく続けます」という様子です。行動や気持ちの脈絡が唐突に切り替わるように見えます。相手が嫌がってもやめようとせず、それどころかますますおもしろがってやり続けるようにも受け取れます。つまり、相手の嫌がっている心情が伝わっていない（理解できないでいる）のではないかというように推測もできます。そのうえで改めて、この子の着脱に対する抵抗反応を振り返ったとき、わがままというより「やってもらうこと」への強いこだわりが見え隠れしているのではないかと思われます。手に何かがつくことを拒否的に気にする様子もこだわり反応と理解することができます。

これは発達的な課題ととらえて保育上の配慮が望まれます。今後、この「感覚や物事のあり方」に対するこだわりが身辺処理の全般的な獲得を遅らせる要因になるかもしれません。

当面の保育目標を身辺処理にすえて対応していくことが望まれます。たとえば、「○○してから□□しようね！」というように肯定的な声かけ・促しで○○の着脱行動をとったあとに□□という要求実現（ジグソーパズルなどの好きなこと）へとつながるように決まった流れをつくってください。毎回ほめながら保育していくことが、徐々に着脱への抵抗を減らしていくための有効な方法のひとつになると思います。

相談 11

名前を呼びかけても反応しません。食事の途中で席を立ち、ほかの子のものを取って食べます。

2歳児クラス

「意思疎通ができません。声かけしても、名前を呼びかけてもこちらを見ない。言葉は聞かれず、「う〜」「あ〜」が多い。意味ある言葉は聞かれません。おうむ返しもない。いすにすわって待つことができず、自由に動き回ってしまいます。読み聞かせなどですわることを促しても嫌がって泣きます。「いけないこと」をどういっても理解できません。排泄は、トイレに入ってすわりますがタイミングが合わないのか、失敗ばかりです。着脱は大人がすべてやっています（自分ではできません）。食事は好きなものだけ食べます（野菜などは食べない）。毎回、途中で立ち歩きます。他児が食べているものを取って食べてしまいます。今後、どうかかわっていけばよいか悩んでいます。2歳7か月です。」

コミュニケーションがほとんど成立していない状況です。発達上のいくつかの課題が推測されます。現時点では「できるかぎり他児と同じように！」という目標は困難性を増加させることになります。場面を判断しながら工夫していくことが必要です。焦らずに保育を進めていきましょう。

説明的な言葉かけ（たとえば、「ご飯だから手を洗おうね」など）は理解困難です。まずは、生活に即した言葉かけ（言語指示）の基準を保育者同士での打ち合わせが必要です。基本的には、1～2語文（名詞＋動詞）に統一します。たとえば、着席を促す場合、机の上に楽しいことを準備して《「いす！」（指し示しながら）＋「すわるよ！」（身体誘導しながら）》そのつど教えていくくり返しが効果的です。そのほかの生活場面においても同様です。徐々に指示理解が促進されてきます。

この子の発達段階は乳児水準であろうと思われます。まずは、スキンシップ遊びなどがよいでしょう。高い高い、くすぐりっこ、追いかけっこなど興味や関心を探ってください。

危険行動やいけない行動は、基本的にはブロック（事前に止めること）がポイントです。その際、しっかりと「いけない」「しません」と真顔で教えてください。

常時排尿状態でなければ、排泄トレーニングを開始してもよいかもしれません。ポイントは、お漏らしの間隔をある程度つかんでトイレに誘う基準をもつことです。うまくできたら十分ほめてください。

保護者のサポートも重要です。他児との差が明確になるにつれて、悩みを抱えながらの子育てになっていきます。話を受けとめながら、一緒に成長を支援していきましょう。

相談 12

やってはいけないことを、保育者の目を見ながらやります。母親は厳しく当たっています。

3歳児クラス

「活動の切り替えがうまくできません。気に入らないことや保育者から叱られたときなどは大泣き状態になり、足をバタバタさせます。やってはいけないことを保育者の目を見ながらやることもあります（ベランダに出たり、机の上に乗ったり）。入眠に1時間以上かかります。眠れないと興奮状態になります。着席して話を聞くことができません（途中でしゃべり出す）。集団行動ができず、逸脱してクラスを乱すことも多くあります。興奮したときはクールダウンさせるようにしていますが、なかなか収まりません。母親はたたいたりすることもあり、子どもには厳しく接しています。3歳6か月です。」

相談全体の印象から、この子の興奮しやすさと母親の対応が気になります。着席などが続かない様子からすると、話の理解（言語理解）、状況の理解などにも課題（遅れ、幼さ）があると思われます。いわゆる落ち着きのなさ（自己統制の弱さ・乏しさ）、友達関係をうまくもてないコミュニケーションのつたなさと興味や関心の狭さもうかがわれます。自分の思うようにならない場面ではかんしゃくを起こして、泣きにつながりやすい状況が続いているようですね。遊びたい欲求がありながらも、友達と気持ちをうまく共有できないため、孤立的に勝手な行動をしては、先生からのかかわりを待っているのかもしれません。おそらく、ベランダに出たり机の上に乗ったりする行為は先生の注意を引くためではないかと思われます。先生の目を見ながら逸脱するのもその表れでしょう

わかりやすい言葉かけ・指示で生活行動を促し、ほめながら積み重ねていきましょう。危険につながる行動は注意しなければなりません。机に乗ったときはきちんと降ろして、いけないことを教えるのが大切です。現時点では、上がろうとするときに止めて（ブロックして）しっかり教えましょう。

興奮時のクールダウン（落ち着かせる）は無理のない形で引き続き行ってください。その際、興奮を収めようとして、あれこれ語りかけたりすることは控えたほうがよいでしょう。かえって興奮を上げることにつながる場合が少なくありません。

母親対応は、まずはお母さんの話を聞くように心がけましょう。毎日のいらいらする気持ちなどが噴出するかもしれませんが、ありのままを聞き入れるようにしてください。そのうえで、子どもの園での変化やがんばっていることを笑顔でやさしく伝えるようにしていきましょう。

相談 13

言語が不明瞭で聞き取れません。こだわりが強く、ズボンをはいた後におむつをつけようとします。

2歳児クラス男子

言語発達の遅れ

「とにかく、室内を常に動き回っていて落ち着きがありません。すわっていることができません。集団からも外れがちです。2歳5か月ですが言葉も聞き取りにくく、何かいっているようなのですが、ほとんどわかりません。排泄も未自立です。自分のやり方に固執するところがあります。たとえば、衣服の着脱などは自分でやりたがりますが、順番が自己流で、ズボンをはいてからおむつをはこうとしたりします。教えようとしても受けつけません。毎回、なかば強制的に介助しなければなりません。このままでよいのでしょうか？何から、どうすればよいのかわかりません。心配です。」

内容から、多動状態と言語発達の遅れが目立っています。年齢からすれば、個人差はあるとしても、平均的には2語文の表出が認められていてもよい時期です。発音も不明瞭なままコミュニケーションが難しい状況のようですね。

もうひとつ気になる点として、着脱などを自分でやりたがる気持ちは評価できるのですが、介助に対する頑固な拒否反応があります。なれた大人からの働きかけに対する受け入れがスムーズではありません。対人的な愛着反応の乏しさが見られています。自分の思いのままにしたい、という強い欲求が表れています。これは「強いこだわり」ともいえます。

まずは、大人との関係をつくっていきましょう。言語理解を促すために、大人からの声かけや指示は2語文に統一しましょう。たとえば、「クツはくよ（はきます）」「オシッコするよ（します）」などです。保育者同士で打ち合わせて、多様な言い方にならないように配慮する必要があります。同時に、本人からきちんと要求を示せるように教えていきましょう（「要求表現」の獲得）。たとえば、「ちょうだい」「かして」の言葉とジェスチャー（両手を重ねる）をそのつど教えていきます。また、自己流の着脱は、目の前に衣服を順番に並べてから、順次「おむつ（はくよ）」「ズボン（はくよ）」と声かけしながら援助してみてください。うまくできたら、そのつど笑顔でほめましょう。焦らずに、毎日続けていくことがポイントです。

基本的な身辺処理の練習が大切です。保護者にも理解してもらい、家庭と歩調を合わせながら支援していくことが望まれます。

相談 14

友達にちょっかいを出したり、けんかになったりしがちです。お母さんは威圧的な様子です。

5歳児クラス男子

「診断名はありませんが、相談機関には2か月に1回通っているそうです。朝の会では同じ場所にすわっていることができず、自分勝手に移動します。そばにいるお友達にちょっかいを出します。嫌がられてもしつこくやるのでトラブルになることが絶えません。毎日、担任から注意されています。日中、遊んでいるときにもたたき合いやけんかになります。「どうして……」と理由を聞いても、「○○にやられた」と言い張っています。いけないことをしたときのお母さんの叱り方が激しく、威圧的に怒ることもとても気になっています。家では、子どもをたたいたりすることもあるようです。お母さん自身も、子どもへの対応で悩んでいて、素直に相談してくれますが……。病院からは、「愛情をもって」といわれて、さらに悩んでいるようです。5歳6か月です。」

内容からすれば、周囲から「やんちゃな子」と思われているかもしれません。目立って落ち着きが乏しく、勝手な行動も多い。衝動的にちょっかいをくり返し、なかなかやめられない。トラブルも絶えない。結果的に、友達関係も崩れやすくなります。しかし、別な見方をすれば、これらは発達的な課題の表れであり、典型的な多動症状ともいえます。

さて、相談の主訴はお母さんの子どもに対する対応です。お母さん自身も悩みながら、自分の子どもへの向き合い方にどうすればよいのかわからないでいるのでしょう。担任保育者として危惧されているとおり、ひとつ間違えば虐待状況も考えられます。

子育てに悩む母親を支援していきましょう。そのためのアプローチとして、園での保育手続き（問題行動対処、指導の方法）をお母さんと話し合うことが大切です。園での具体的対処方法への理解と了承を得ることからスタートしましょう。たとえば、「友達とトラブルになった（なりそうな）ときには、いち早く止めて個別に対応します。何がいけなくて、どうすればよいのかを話して教えたいと思います。そのうえで、ちゃんとわかってくれたら十分ほめたいと思います。みんなと仲よく、楽しく過ごせるように保育していきたいと思っています」というように、お母さんの気持ちに寄り添いながら、いつも変わることのない担任としての一貫した保育姿勢を伝えていくことが子育て、そして就学を見据えた支援になっていきます。

相談 15

年長児なのに指しゃぶりが目立ちます。一日中落ち着きがなく、みんなと一緒の活動ができません。

5歳児クラス男子

「1歳児で入園して、今は年長です。当初から指しゃぶりをして今でも続いています。今は、性器いじりも見られます。一日を通して落ち着きがなく、みんなと一緒に話を聞くこと、すわって待つこともできません。ゲームなどもすぐに抜け出して、自分だけ好きな遊びを始めます。近くにいるお友達の腕や顔などを触ることも好きです。毎回、注意したり、「○○しようね」とほかの遊びに誘導したりしていますが、なかなかやめません。走り回ることも好きです。好きに動いているときには指しゃぶりはありません。お母さんは、「まだ、赤ちゃんなんです」といって、笑っています。来春の就学を思うと心配です。」

就学を考えると、確かに気がかりですね。園での様子から、発達的には年齢より幼い段

階にあるようです。入園当初から目立った落ち着きのなさ（多動性）があり、他児と同じように行動することができにくい状況で経過してきたことがわかります。多動性は情緒的な不安定要素になります。人の話を落ち着いて聞くことが難しくなります。注意が散漫になるので、長い話を聞き続けること、意識し続けることが難しくなり、理解も中途半端になります。結果的にコミュニケーションや学習にマイナスに影響します。情緒的な不安定さを埋めるために体を刺激する行為に没入しやすくなり、指しゃぶりや性器いじりなどの習癖につながることも少なくありません。なかには暇つぶし的に身体刺激行為を見せる子もいます。

他児への接触行動などの気になる場面で、上手にほかのことに気持ちを促していくことは今後も続けてください。同時に、学校生活を目標にして、お手伝い、お仕事、役割、係活動などを工夫してもたせてみてください。本人が興味や関心を示すものを考えます。毎回上手にほめていくことがポイントです。お母さんには、園での活動を報告しながら、家でも取り入れられるように工夫してもらい、楽しく連携していくこともよいと思います。

就学に向けた話し合いをもつことも必要かもしれませんが、何の前ぶれもないままでは戸惑うかもしれません。参観日などに、保護者全体に「就学へ向けて」の話を提供することも方法のひとつです。園長先生と打ち合わせながら企画して実施してみてもよいと思います。

相談 16

活動の切り替えのときなど「ママ〜」と泣き叫びます。思いどおりにならないと自分の手をかみます。

2歳児クラス男子

「1歳児で入園して今は3歳6か月です。クラスのなかでは生まれが早いほうです。毎日、朝の分離時や午睡明け、部屋からの移動、おやつの後などに「ママ〜！」と泣き叫びます。常に、指しゃぶりが見られます。最近は、思いどおりにならないと自分の手をかんだりします。決まったおもちゃ（車）でしか遊びません。言葉は聞かれますが駅名やテレビアニメのフレーズなどで会話にはなりません。

身辺処理はそのつど声かけ、援助が必要です。食事も手づかみになります。習慣は身についていません。集団活動には興味がなく誘ってもやろうとしません。お母さんは、泣いたときは好きなお菓子を与えているようです。」

物事のちょっとした変化に対して不安になりやすく、特に状況変化に過敏に反応してしまうのでしょう。子どもによっては、そのつど激しい泣きを見せることも珍しくありません。この子の場合、朝の分離時、午睡明け、移動時、食事の前後などに見られます。

思っているようにならないときにもいらいらし始めて、かんしゃくや自分の手をかむという自傷行為につながる様子も見られます。情緒が不安定になりやすいがゆえに、気持ちを安定させるための行為に走りやすくなります。指しゃぶりは、その代表です。自傷もその範囲でとらえることができます。体（の一部）にほどよい刺激をつくって、その感覚に浸ろうとするのです。痛みさえもほどよい刺激になることがあります。自傷行為の場合、さらに周囲の反応（止めようとする、慰めようとする、応急処置・手当てなど）によってエスカレートすることもあります。

また、年齢を考えれば、言葉の発達も気になるところです。決まった遊び（特定のおもちゃ）、決まった言葉（アニメのセリフ）だけで会話にならないなどの様子から、人とのかかわりやコミュニケーションの広がりが乏しい状態といえます。

対応として、まずは、個別目標を立ててみましょう。たとえば、

①わかりやすい２語文での声かけや指示（困難場面では部分的な介助）を一貫する。
②要求表現を教えていく（「ちょうだい」「やって」など）。
③楽しいスキンシップやくすぐりっこ、興味のあるものを利用してかかわりを増やす。
④お母さんとの話し合いを大切にしていく（信頼関係構築）

などです。徐々に理解の広がりや情緒の安定化が見られるようになることが期待されます。

相談 17

集団遊びのルールが理解できません。簡単な折り紙や線なぞりができず、小学校入学後が心配です。

5歳児クラス男子

1歳児クラスから入園して今は6歳になりました。集団遊びには参加するのですが、ルールがわからず途中で勝手に抜けてしまいます。園庭での外遊びのときに突然走り出すことがあるので、お友達にぶつかってしまいます。うまく避けることができないようです。

着席時にも突然頭を振ったり、両手をクルクル回したりします。製作（描画、折り紙など）でも簡単な折り紙や、線なぞりができません。色名（3原色）もわからないので教えていますが、なかなか覚えられないようです。会話も続かずわからなくなると、にやにやと笑っています。自分の気に入らないことがあると、1時間くらい長泣きします。食事は小食で偏食です。家でも決まったものしか食べないようです。就学が心配ですが、お母さんは気にしていません。どう話をしていけばよいのか悩んでいます。

集団遊びやゲームなどのルールや意味理解困難、突発的な行動、身体コントロール困難、自己刺激的な行動（頭振り、両手クルクル回し）、製作的取り組みの苦手さ（不器用）、概念理解困難（色名など）、コミュニケーション困難、感情統制困難、偏食問題など。年齢には見合わない発達的な課題が随所に見られています。障がい範囲にある可能性があります。

6歳児でもあり、就学を考えた場合、発達問題として整理して準備していくことが望まれます。その手続きのひとつに、就学相談があります。

お母さんは気にしていないようですが、気づいていない可能性もあります。あるいは、少し気にはなっていても、だからといってどうすればよいのか、わからないでいる可能性もあります（情報の不足）。また、地域の就学状況次第では、入学まで特になにごともなく進んでしまうこともあり得ます。しかし、入学後まもなく学校生活困難性を経験することになるでしょう。たとえば、集団生活への適応困難、対人関係困難、教科学習困難などが想定されます。本人にとって、学校が楽しくない場所になってしまうかもしれません。

就学という目標に向かって、保護者との話し合いをもつことが望まれます。穏やかに、親の希望や願いに耳を傾けながら、就学相談の内容を提供してみてはいかがでしょう。まずは、園長先生と話し合って進め方を検討してください。

相談 18

入園以来、友達や保育者とおしゃべりをしたことがありません。家庭では大声でしゃべっているそうです。

3歳児クラス男子

「保育園に今年度入園しました。当初から、自分からおしゃべりすることがなく、お友達から話しかけられたりすると驚いたように泣き出すばかりでした。今も、保育者が仲立ちして、かかわれるようにしています。このところ笑顔は増えてきましたが、相変わらずおしゃべりすることはありません。発表場面では小声で名前はいえますが、ほとんど保育者がいったことを小声で真似てつぶやいています。一斉場面では、話を聞く姿勢がなく、必ず個別に働きかけています。手先の動きや全身運動はうまくできず、筋力の弱さが目立っています。不思議なことに、家族や飼い犬に対しては大きな声で話しかけたり、命令したりするので、お母さんも、なぜ園ではしゃべらないのか不思議がっています。」

印象的には、初めての状況（人や物）が苦手で、保育園の環境に慣れるまでに時間を要すると思われます。現状では、保育者が仲立ちして援助していくことを続けてよいと思います。徐々に慣れてきていることが、笑顔の増加に表れています。言語発達的には幼さが伴っていることが推測されます（遅れている状態）。自信のなさ、かん黙性といった情緒的な課題も考えられますが、小声の発表は、むしろ評価できます。この点に関しても、継続的に保育者の援助を受けながら発表経験を積み重ねていってよいと思います。毎回、笑顔でほめてください。

気になる点は、一斉場面での様子です。単なる幼さだけでは説明がしきれません。「言語理解」と「注目反応」の乏しさととらえてよいかもしれません。

ほかにも、全般的な運動や手先操作（巧緻性）の不得手さに発達的課題が見て取れます。楽しくできる運動やリズム遊びを通して焦らずに「笑顔を引き出す保育」を継続してください。ただし、家での元気な行動は慣れた場所ゆえの反応でしょう。ただし、思いがけないいたずらな行動には注意が必要かもしれません。

相談 19

ほかの子どもたちとあまりに違う、気になる子。どう保護者へ伝えていけばよいのでしょうか。

4歳児クラス男子

「Yくんは、今年4歳児クラスに進級しました（入園は1歳児クラスから）。みんなで歌うときには歌わずに、決まった場所から外を眺めています。遠くを見つめているようにも見えます。そのようなときには、声をかけても反応がほとんどありません。着替えや支度がいつも一番遅くなるので毎回手伝っています。製作などはすわって取り組みますが、クラス全体への話は、話したあとに必ず個別に説明しています。「うん」とうなずいてくれますが、時間がかかりスムーズに行動できません。2年前の3歳児健診では特に何もいわれなかったと聞いています。でもほかの子どもたちとあまりにも違うのでとても心配です。お母さんには「まだ小さいから……」と、話を受け入れてもらえません。」

課題の整理

相談内容からすれば、どうやらYくんは発達的な課題をもっていると思われます。さらに行動や園生活の内容からすれば、遅れと見られる背景に隠れているもの（発達障がい？）があるかもしれません。しかし、保護者が専門機関に相談に出向かない現状では、推測で判断するわけにもいきません。現時点では、いわゆるグレーゾーン範囲ということになります。

改めて、担任としての心配や不安を背負っている自分を冷静に見つめて、保育者としての気持ちをリセットしましょう。焦らないことです。まずは、今、Yくんが抱えている困難性や問題性を整理してみましょう。保育園生活は、あと2年弱です。就学へ向けて保育目標を明確にもつことがポイントになります。

どうやら歌やお話にはあまり興味がないようですね。集団取り組みへの興味も乏しく、やりとりの様子から言語理解にも課題があるようです。また、自分から相手に尋ねることや、気持ちを表現することもうまくできていないようです。生活上の行動にも、場面を見て作業の手順などを自分で判断することがうまくできないため、とるべき行動がわからないでいるようにも見えます。一方、製作などには興味や意欲がうかがわれます。

お母さんの反応（「まだ小さい」という思いから、わが子への視点がまだ赤ちゃん視のままでいること）はそれほど珍しいことではありませんが、年齢相応の水準がよくわかっていないことも考えられます。あるいは、疑問や不安を抱きながらも、真正面からとらえることをためらっているのかもしれません（口にすることへのおそれ）。

配慮ある保育実践と信頼関係の構築

2年後の就学に向けて保育目標をいくつかに絞りましょう。

ひとつ目は、身辺処理の獲得です。就学に当たって、「排泄」「食事」「衣服の着脱」「支度と片づけ」「移動」「指示理解」などが重要です。できるかぎり自分のことは自分でできることが望まれます。挙げた項目は多く感じるかもしれませんが、生活のなかですべて必要なことですので、今までの保育継続と理解してください。

改めて具体的な指導方法をチェックしましょう。まず①言語指示は短く、わかりやすく（たとえば、2～3語文）一貫させましょう。②生活行動の流れ・順番を絵や写真などで明示することも効果的です。③それらを午前～午後の主な生活行動（たとえば、朝の支度、食事とその前後、午睡前の作業、午睡後の作業など）に工夫していく。④しっかりとできたら毎回笑顔でほめる。

ふたつ目は、友達関係を広げるためのコミュニケーションと社会性の育成です。友達関係（対人関係、社会性）は、ともすると遊びを中心に想定されがちですが、必ずしも遊びにこだわる必要はありません。まず、役割・係活動、お手伝い、報告活動などを他児とともにもたせていくことや、定番の作業を工夫してもよいでしょう。本人の器用さや遂行可能な範囲で考えてみてください。ほめられながら、注目を受けながら、それらが、楽しくくり返されていくことで自信やスキルアップにつながっていくことが期待できます。Ｙくんが好きな製作の類いを他児とのかかわりにうまく取り入れていく工夫も望まれます。

３つ目は、保護者との信頼関係の構築です。保護者への対応においては、ひとまず、Ｙくんの気になる姿を伝えることにあれこれ悩むことを控えてみることも方法です。そのうえで、「就学に向けて」や「年長クラスに向けて」というテーマを掲げて、個別面談時に、前述の保育目標への理解を得ることが望まれます。母親に対して、「なんとかわかってもらわなければ……Ｙくんが……」という一途な思いは、ときとして、事態を硬直化させてしまうことが少なくありません。一生懸命教え、保育指導する保育者の姿勢は素直に受け入れられれば評価されますが、両刃のリスクも抱えています。思わぬ誤解を招くこともあるのです。保護者に伝えるべきことは、「□□ができて、△△ができない」といった発達状況より、たとえば、「○○をお願いしたら、ちゃんと○○をやってくれました」「しっかりほめたらニコニコしていました」というような、具体的なやりとり（子どもの反応、担任保育者が子どもに示した結果）を話すようにしましょう。

ただし、保護者のほうから子どもの発達的な相談を受けた場合は、すみやかに地域の保健所などの発達相談窓口を紹介していくことが望まれます。

目線が合わずにコミュニケーションがとりづらい子と、どう信頼関係をつくっていけばいいでしょう。

3歳児クラス男子

ASD?

「Kくん（3歳児クラス）の日々の保育に悩んでいます。言葉を自分から発してやりとりすることはほとんどありませんが、「しんかんせん」など好きな電車の名前などはいいます。目線は合いません。保育者がいった言葉のオウム返しが多く、名前を呼ぶと、挙手して「はーい」と返事はできます。身支度なども簡単な言葉かけと指さしで個別に促せばなんとかやろうとしますが、援助は必要です。全体へ向けた

指示や説明は理解できません。いつもと違う流れになると混乱して泣きます。自由時間はふらふら動き回るか、黙々とひとり遊びをしています。ひとり言をぶつぶついっているときもあります。近くにいる友達の女児の顔をさわりたがります。「だめ」「いけない」「バツだよ」と注意すると奇声をあげて泣きます。みんなで踊ったりする場面では立ち尽くしています。紙芝居や製作場面で、突然大声で泣き出すことがあります。原因がわからず他児もびっくりします。園の食事はご飯とパンと麦茶しか受けつけず、ほかのおかずはまったく食べません。母親も心配して保健所への相談を考えています。

やってはいけないことの伝え方、コミュニケーションのとり方、信頼関係をどうつくっていけばよいのかわかりません。よろしくお願いします。

ＡＳＤを疑われる行動の特徴

相談内容にある日常場面の報告を拝見するかぎり、Ｋくんは発達的な課題をもっていることがうかがわれます。まず、言葉獲得とコミュニケーションの困難です。オウム返しや呼び名への返事のような定型的な反応から進展しない状況でいます。次に、個別的な指示で簡単な行動は見せているようですが、全体へ向けた指示や説明の理解困難があります。

また、目線の合いにくさや、自由時間に他児とのかかわりが乏しく、無目的な動きやひとり遊びに終始している、という他者との関係がうまくもてないでいる対人関係性困難があります。そして、ひとり言、つまり独語様行動も気になります。禁止や制止に対する混乱泣き、言い聞かせや注意への意味理解困難もあります。集団参加もうまくできないでいます（集団参加困難）。原因不明の突然の泣き（フラッシュバックのような様子）。そして、顕著な偏食などが指摘できます。

よく眺めてみれば、通常の発達経緯では見られにくい特徴的な様子が目立っていることに気づきます。ここで断定的に話を進めることは危険ですが、おそらくＫくんは、単純な発達の遅れということでは説明のつかない状況にあると思われます。発達障がいの診断を受ける可能性が低くありません。なかでもＡＳＤ（自閉症スペクトラム障がい）の可能性が疑われます。

ＡＳＤは個人差がありながらも、たとえば、コミュニケーションや社会的行動（対人関係性）がうまくもてない、物事の理解が困難、制約的な行動（こだわり）が見られるなど、いくつもの特徴的な行動が報告されている発達障がいのひとつです。背景に脳機能不全が推測されています。この発達障がいを生まれながらに抱えている子どもの数は年々目立ってきている現状にあります。

問題行動の直前にブロック！

相談内容から、いけないこととして「友達の女児の顔をさわりたがる」とありました。対象となる女児が特定されているのか、いないのか、その状況によって対応は変わります。特定されているなら、その女児に接近し接触しないように保育的な配慮を心がけることが必要でしょう。

問題は特定されていない場合です。おそらく、やることが見つけられずふらふらしがちな暇なときに、視界に入っている女児の存在が、顔に触れるという行為を誘発していると思われます。

「だめ」「いけない」「バツだよ」と注意して、奇声をあげて泣かれると、保育上さらに困ったことになります。女児の近くにいなければ起きないわけですから、一般的には、別な楽しい遊びに誘って、気持ちをコントロールするということになります。もちろん、これも方法のひとつです。

指導の方向で考えるなら、まず、注意表現はあれこれいうのではなくひとつにしましょう。この場合、「いけない」がよいと思います。顔にさわる直前にその行為をブロック（さわろうとするＫくんの手を止めるように）して、「いけない」と真顔でいってください。誤解されやすいのですが、真顔とは怖い顔のことではありません。その後、さわる行為とは別な望ましい行動を教える指導をくり返してください。たとえば、握手する、ハイタッチする、お願い（両手合わせ）のジェスチャーを交わすなど。その際、やさしく楽しく言葉を伴わせてもよいでしょう。「あくしゅ～♪」とか「あそぼ～♪」などです。同時にほめたり、くすぐったり、ぎゅうっと抱きしめたり、Kくんがうれしくなるように保育者が気持ちを盛り上げるように反応してください。その後に楽しい遊びに誘ってみてもよいでしょう。

上手にくり返していくことで、従来見られていた奇声泣きは減少してくると思います。徐々に、「顔をさわりたがる」行動が減少していくことが期待できます。

注意は簡潔な言葉で

Kくんの言語表出水準は、1語文がやっと聞かれる程度です。まずは、言葉の指示理解を広げていきましょう。この場合、おおむね2語文を中心にフレーズを一貫させます。たとえば、「おそといくよ」「トイレいくよ」「おててあらうよ」という具合です。多様な言い方はやめて場面に合わせて表現を決めてください。そのほうがKくんにはわかりやすいと思います。写真や絵カードを見せながら教えていくことも効果的です。やがてスムーズに行動に移せるようになってきたらOKです。

その後も、同じように表現を広げていってください。

何度もかかわりを要求される保育者に

信頼関係づくりは、Kくんとのかかわり方が重要になります。表情反応としての笑顔や笑いがとても大切です。自分の快適な感覚を上手に引き出してくれる人が好きになります。そばにいたくなるのです。

基本的には「ちょうだい」「やって」などの要求表現を教えて、その要求に応える存在になることが大切です。好きな絵本や玩具に、毎回同じようにつきあうことも大切です。スキンシップ遊びも強力なポイントになります。いわば、身体感覚刺激の総動員です。くすぐりっこ、高い高い、身体ぐるぐる回し、固定遊具の利用、3輪車の利用など、いろいろ工夫してみてください。

やがて、それらを何度も要求してくるようになるでしょう。そうなっていくことが望まれます。

相談 21

ダウン症のお子さんの保育目標をどこにおけばよいでしょう。

5歳児クラス女子

ダウン症

「今年、年長組に入園したSちゃん（女児）の担任になりました。ダウン症児の保育は初めてで、障がいの本を読みながら保育しています。発達が遅れること、関節がやわらかいこと、体操などでは頸椎《けいつい》に気をつけることなど、いろいろ書いてありました。

Sちゃんは言葉が遅れています。ときおり「ママきた」などの2語文が聞かれますが、会話は難しいです。歌は大好きで、「アー」「ウー」の発声で歌っています。色の名前も「赤」「青」「黄」はわかります。いくつかの好きな絵本は一緒に見ています。

でも、子ども同士のコミュニケーションがうまくできないため、のぞき込んでくる友達の顔をたたいてしまうことが多くあります。たたいてはいけないことを伝えるために「握手しようね」と握手の声かけをしています。そばにいる子にも「急にのぞき込んだり、顔を近づけたりするとびっくりするからやめようね」と伝えています。

園生活の流れには、声かけ指示で動けることが増えています。移動時にはちゃんと列に並んで歩きます。でも排泄や着替えなどは援助しなければひとりではできません。自分から訴えてくることもありません。

今後どうすればコミュニケーションの力を伸ばすことができるのか、保育の目標をどこにおけばよいのか、悩んでいます。よろしくお願いします。

コミュニケーションを含めた発達段階を理解する

ダウン症は21番目の染色体が１本多い状態であり、偶発的な染色体異常として知られている先天的な疾患群です。多くの場合、身体的および知的な障がいを抱えています。身体的には、相談内容に書かれてあるとおり、関節や頸椎への配慮が必要ですが、さらに先天性心疾患などもダウン症児の約４割に見られる、という報告があります（このほかにもさまざまな合併症や特徴をもっています）。運動発達もゆっくりであるため、幼児期には動きの不安定さが目立っていることが少なくありません。社会的には、持ち前の対人性のよさから愛嬌《あいきょう》があり愛着的であることは周知されています。個人差はありますが、知的な発達もゆっくり進むことが多く、特に言語発達は遅れがちになります。

Sちゃんの現時点でのコミュニケーションを含めた発達状態をつかむことがポイントです。あくまでも個人差がありますので、ダウン症というだけでひとくくりにすることはできませんが、検討しましょう。

相談内容から、細かな発達状況を判断するには日常的な情報が少ないのでやや無理があるものの、ヒントはあります。たとえば、「ときおり2語文が聞かれている」「歌が大好きでアー、ウーの発声で歌う」「簡単な指示に従う」「他児と並んで移動する」「身辺処理で自分から訴えてくることがない」などです。

年長（5歳児）であることを考えれば、Sちゃんの困難度（障がい度）は決して軽くはないと思われます。しかし、今年入園してきたことを考えれば、クラス集団への慣れが促進されてきていることと、行動を合わせようとする気持ちが育ってきていることがわかります。園生活を通して社会性の発達が促進されているのです。

いくつかの状況から判断すれば、Sちゃんの現時点での認知的な発達段階はおおむね2歳前後（1歳後半〜2歳初期）であると思われます。したがって、この発達段階に合わせた方法を工夫することが必要となります。

相談内容にある友達の顔をたたいてしまう行動への指導については、たたいてはいけないことを伝えるために「握手しようね」と握手指導をしていることは間違ってはいませんので続けてください。ただしできれば、たたく直前にブロックして（止めて）から、握手指導への流れが望まれます。握手できたらほめて楽しくかかわってください。

保育目標の設定

すでに年長ですので、「就学に向けて」が目標となります。就学に向けて重要なことは、第一には、ＡＤＬ（Activities of Daily Living：日常生活動作）の獲得です。簡単にいえば、身辺処理スキルを身につけることです。排泄、食事、衣服の着脱、移動、準備・片づけ、指示理解などです。毎日の自分の身辺作業を少しでもひとりでできるように、教えながら保育していくことが望まれます。そしてさらに、いわれていることへの理解を促していくことが大切です（言語・指示理解の促進）。そのためには、Sちゃんへの指示や声かけのフレーズをシンプルにしていくことが早道です。現時点でいえば、たとえば、「ときおり2語文」の水準に合わせていきます。具体的には、大人が使用する言葉かけを1～2語文に一貫していくことが本人にもわかりやすくなるでしょう。その際保育者が共有すべき配慮は、保育者全員が共通理解して、1～2語文の声かけ・指示を実施していくことが望まれるのです。特定の人だけが実施しているだけでは効果は遠くなります。

次に、要求表現の獲得を目指しましょう。具体的には、両手を重ねる、合わせるなどのジェスチャーと「ちょうだい」「やって」などの言葉を上手に教えながら、模倣（真似）を引き出してください。たとえ動作がたどたどしくても、あるいは発音が不明瞭であってもよいのです。楽しく続けてください。毎回少しでもできたら、笑顔でほめながらスキンシップを交わすこともよいでしょう。

他児との関係をつくっていくことも大切です。しかし、年長クラスですので、すべて理解し、一緒に行動することは困難でしょう。「なんでも一緒に！」という旗は無理に掲げないでください。まずは、Sちゃんができることを大切に工夫してください。たとえば、好きな音楽・リズム遊びをみんなと楽しむことはできそうですね。そのほかにも、役割、お手伝い、係仕事などを先生や友達と一緒に遂行する場面をつくることも工夫のひとつです。

もうひとつ加えるべきこととして、保護者支援を担任としての意識のなかに大切に位置づけてください。冒頭でも述べたとおり、ダウン症は知的障がいを伴う偶発的な染色体異常という疾患です。個人差はありますが、さまざまな困難をもっています。保護者からすれば、偶発的なだけに誰しもその知識を事前にもっているわけではありません。ゆえに、子育ての途上においては、将来への不安、焦燥、悩みを余儀なくされることが少なくありません。保護者のその気持ちに寄り添いながら、子どもと向き合う保育者としての姿勢をいつも忘れずに、子どもと保護者への笑顔を大切にしてください。

相談 22

友達からおもちゃを奪ってもそれで遊ぶわけでもなく、友達が泣くのをにこにこして見ています。

1歳児クラス男子

1歳児クラスのＩくんは、最近2歳のお誕生日を迎えたばかりです。日々の対応に悩んでいます。

友達が遊んでいるおもちゃや持っているものを突然取ってしまいます。でもそれで遊ぶわけではなく、相手が泣いたり、大声で騒いだりする様子を見てにこにこしています。ときには、おもちゃで突然友達をたたいたりします。

集団で巧技台などの道具で遊んでいるとき、近づいてきて友達の手や足にかみつこうとします。

それを注意されたり、思いどおりにならなかったりする場面では「や～！」と叫んで、後ろに倒れます。とても危険なので困っています。

着替えや、おむつ替えをしていても、くすぐり遊びと思っているようで、切り替えがで

きません。気分の上下があります。発語はほとんどない状況です。言葉の遅さに関しては、ご両親も心配しています。

今後の保育とご両親へはどう話していけばよいのか、悩んでいます。

愛着性と共感性に独特な偏りがありそう

発達状況において、まず身体的には特に問題はなさそうですが、発語がほとんどない状況から、Ｉくんの言語発達に遅れがあることがうかがわれます。２歳０か月平均でいえば、言葉がつながり始めてもよいのですが、その水準には届いてないようです。

また、Ｉくんの予測できない衝動的な行動も確かに気になりますね。たとえば、自分で遊びたいわけではなく他児のものを奪い取ること、友達の手や足にかみつこうとすること、それを止められるとかんしゃく気味に叫んで後ろに倒れることなどです。乱暴性と危険性を伴っています。泣き騒ぐ友達をにこにこと見ていることも、気になります。

さらに、園生活の流れへの理解が気になります。少なくとも、生活行動への介助に対しては、協力的になってくれることが望まれますが、着替えやおむつ替えにしても、くすぐり遊びと同じ反応になってしまい、それが毎回くり返されることがやや心配です。ときおり先生が意図的にくすぐって子どもの愉快な反応を引き出そうとすることは、一般的にはむしろ愛着的なかかわりとして微笑ましいかもしれませんが、相談内容からは、そうではないような反応として見て取れます。

Iくんは1歳児クラスですので、前述の様子はともするとと、世間的にはよくある乳幼児期の姿（たとえば、遊びたがって人に甘える行動）と思われるかもしれません。しかし、相談者である保育者の目にはそうは映っていないでしょう。おそらく、他児とどこか違う、何か理解できにくい保育の困難さを感じているかもしれません。もちろん、この理由だけで、Iくんの発達に問題があると決めつけることはできませんし、それ自体、ややもすると早まった判断になる可能性もあります。

しかし、実際の保育現場においては、この相談に似たような経験が多くなされており、その当事者である保育者はとても不安な気持ちに襲われながらの保育になることが少なくはないのです。

目線を基本に戻してみましょう。乳幼児の発達で大切なことはいくつかありますが、なかでも愛着性と共感性の発達はとても重要です。

愛着性とは、「気持ちを通わせ合う結びつき」であり、自分に一番心地よいかかわりをもってくれる相手との関係によって育まれます。その愛着性を基盤にして共感性も育まれていくのですが、ここには個人差と生来性の脳機能という特徴もあります。さらにその共感性をもとにして自己肯定感も形成されていきます。つまり、ひとりの人間の発達は人と人との関係から紡ぎ出されていくのです。

　その観点から、もう一度Iくんの一連の反応（行動）を眺めてみると、どうやら「愛着性」と「共感性」の発達に沿った課題である「人への関心」と「人との関係」において、そのもち方や受け取り方に遅れとも思える独特な偏りがあるように考えられます。したがって、今後の様子や行動の変化に関して、気をつけて見ていくように心がけることが保育上望まれますが、それと同時に、きちんと対応して行動の良しあしを教えていく必要があります。さらに、身辺処理が身につくように指導していくことも大切です。これらを焦らずに教えていきましょう。

危険・乱暴行動への対処を一貫していく

　まず、衝動的なかみつき・たたき行動には事前にブロックする（止める）ように対応してください。ものの奪い取りにもやはりブロックして、きちんと要求行動（たとえば、両手を重ねて示す「ちょうだい」「かして」のジェスチャー）を毎回言葉かけしながら教えていきましょう。指示は基本2語文で、「〇〇します」「□□いけない」とわかりやすくしましょう。

　かんしゃく的な後ろへの倒れ込みには、後頭部を打たないように抱きかかえて防いでください。その際、過剰な声かけ、言葉かけに走りすぎないように留意してください。本人を心配するあまりの過剰なかかわりは、逆にその問題行動を強化する可能性があるからです。

衣服やおむつの着脱は、作業順番を決めて、小さないすなどにきちんとすわらせてから取り組むことも方法です。本人に行動獲得できるように手続きをわかりやすく教えていきましょう。うまくできたらそのつど笑顔でほめることを忘れないでください。

Ｉくんはスキンシップが好きそうなので、音楽や歌を利用したダンスや身体遊びを取り入れていくことは効果的だと思います。きっと先々楽しめるようになると思います。

クラス担任同士で、Ｉくんの状況を共通理解して、一貫して取り組んでいきましょう。

保護者との信頼関係構築に向けて

ところで、お母さんは、園でのわが子の様子をご存じなのでしょうか。今後保育参観などで子どもの様子を眺めて不安になるかもしれません。日常の様子を伝える面談を設けてもよいと思います。ただし、現段階ではあまり深刻な雰囲気にならないように配慮することが必要でしょう。保育園での対応方法を上手に伝えながら、Ｉくんがみんなと楽しく仲よく過ごせるように保育していくことを、話の柱に据えて笑顔を忘れずに話し合ってみてください。

第2章 園の行事・活動別の支援ポイント

プール・水遊び

―身辺処理の促進と見通しづくり―

初夏から夏本番にかけて、日課といってもいいくらいの取り組みに、
プール・水遊びがあります。
子どもたちにとってはとても楽しい活動です。
毎日の取り組みであるからこそ、
短期間で身辺処理や生活の見通しを身につけることが期待できます。
ポイントは、それぞれの作業を楽しいプール・水遊びの
前後に位置づけることです。

発達支援保育における保育目標

幼児期に少しでも身につけたい目標として、次の４つがあります。
①［身辺処理］排泄、食事、衣服の着脱、準備や片づけ行動、移動など。
②［対人関係］挨拶行動（「おはようございます」「こんにちは」「さようなら」）や要求行動、感謝（「ありがとう」）、謝罪（「ごめんなさい」）、指示理解、他児や大人との関係、かかわりあいの促進など。

③ ［善悪］ 物事や行動の善悪、ルールや規律の理解と順守など。
④ ［耐性］ がまんすること、待てること、気持ちや行動のコントロールなど。

以上の4項目は、障がいの有無にかかわらず大切ですが、特に発達支援保育においては重要です。

発達障がいを抱える幼児期の子どもたちも、定型（通常）発達児とともに集団生活を通してさまざまなものを身につけます。なかでも、やがて訪れる就学を考えたとき、身辺処理と（一日の）見通しを獲得することはとても重要です。

取り組みの実際

プール・水遊びはほとんどの場合、午前中に設定されています。プール・水遊びの前後に子どもたちがとるべき行動は、おおむね以下のようにまとめられるでしょう。

1 **排泄習慣** プールの前後の排泄。

2 **衣服の着脱** プールの前後の衣服着脱。

3 **支度と片づけ** プールの支度として、着替え袋から水着を出して着替える。脱いだ衣服はきちんとたたんで所定の場所（自分のいすの上、テーブルの上などが多い）へ置

く。プール終了後には再び着替えて、水着はきちんと袋に入れて自分のロッカーなどに片づける。

4 移動・準備 プールに移動するために整列する。プールに入る前に順番に身体を清潔にしてもらう（おしりを洗ってもらう）。みんなで準備体操をする。

5 指示理解 プール前後の担任からの話や指示をしっかり聞いて、それを守る。

6 予定と見通し プール終了後には何をするのか、その予定を理解し、見通しをもって行動する。

日々の練習（トレーニング）

発達障がいを抱える子どもたちは、個人差はありながらも、言語指示や作業手順などの理解、状況判断、気持ちの準備と行動の予測、動作模倣などに困難を見せることが目立っています。

プール・水遊びは、夏の活動として、くり返されることがポイントになります。他児と一緒に日々同じように経験することでトレーニングされていくのです。

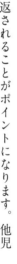

ポイント

保育者も日によって指示や行動の流れが変わらないように具体的な方法をまとめておくことがポイントになります。たとえば、以下です。

1 約束やルールをわかりやすく掲げて、理解を促す。

2 声かけや指示などは短い形にする（説明的に長くならない）。

3 勝手な動きにならないように、ちゃんと並んでから移動する

（あるいは並ぶ順番を決める）。

4 プール前後のやるべき行動の流れをわかりやすく呈示する（たとえば、絵や写真などで示す）。

5 物の管理と置き場所をわかりやすく工夫する。

身辺処理の獲得は大切です。日々の園生活を通して、これらの行動をくり返し経験していくことで生活の流れの理解（見通しの獲得）へとつながっていくことが期待できます。

留意すること

初夏から夏本番のプール・水遊びの取り組みが、子どもたちにとって、より楽しく経験できることが大切です。その楽しさがあれば身辺処理と見通しの獲得は促進されていきます。一人ひとりの子どもの成長を支えていくために、楽しくがんばりましょう。

意欲を高める

子どもの意欲は、プール・水遊びが好きな度合いに比例している、といっても過言ではないでしょう。楽しいプール活動にするために、また意欲を引き出すために、ルールや約束が守れたら、その行動や結果をほめていくことが重要です。

水遊びを嫌がる子ども

支援を必要とする子どもたちも、たいてい水遊びは大好きですが、ときおり、水道（水いじり）は好きでも、プールには抵抗や拒否を見せる子どももがいます。保育者はなんとかしたいと悩みながらも困ることになります。自閉症範囲あるいは情緒的な不安をもった子どもに見られやすいのですが、焦らないでください。周辺で水に触れながら、慣れてくるにしたがい、抵抗は軽減されてくることが少なくありません。表情反応を見ながら無理せず進めていってください。

着替えへの抵抗・拒否

衣服の着替えを嫌がる子どももいます。少なからず、こだわりの強いタイプです。やはり、自閉症範囲に見られやすいのですが、着替えの個室空間や興味ある遊びを提供し、

共有していくことで、慣れてくれれば解決することが少なくありません。焦らず進めていってください。

言語理解が困難な子ども

毎回の指示、声かけは短くした形（2語文がよい）でくり返して、動作誘導しながら進めていってください。かならず、結果を笑顔でほめることを一貫させてください。

子ども同士のトラブルや事故

ＡＤＨＤ（注意欠如・多動性障がい）範囲あるいは自閉症範囲の子どもは衝動性や興奮性の自己統制ができにくいことがあります。特に大好きな活動場面においては、直前のルールや約束から外れた危険・乱暴な行動をとることがあります。たとえば、プールなどでのダイビングまがいの行動、他児への乱暴やちょっかい、危険行為などです。幼児期とはいえ、大人のような行為になることもあります。上手にタイムアウトとクールダウンなどを取り入れながら進めていってください。

介助や援助の程度

たとえば、介助や援助を「いつまで」「どの程度」続けていけばよいのかを検討していくことが必要です。なぜなら、いつまでもただただ手伝っているだけでは、子ども自身の

スキルアップは望めないからです。日々の継続的な援助は、段階的にその程度を減らしながら、本人に身につくように積み重ねていくことが大切です。いつも笑顔でほめることを忘れないでください。

運動会――それぞれの特性を理解した取り組み――

子どもたちも夏を過ぎるころには部屋や園生活の流れに慣れてきます。そんな折、発達障がいを抱える子どもとその保護者、そしてクラス担任にとって、どきどきする悲喜こもごもの「運動会」がめぐってくるという園も多いことでしょう。発達障がいを抱える子どもたちは、特別な出来事に対して、さまざまな特徴的な反応を見せます。

それぞれの子どもの反応を予測して対応を備え、楽しく経験できるように実施していくことが望まれます。

運動会をイメージしながら障がいの特性を理解する

知的な発達段階や認知水準によっても反応が違うことがあり、一概にはいえませんが、それぞれの発達障がいには種別があり、個々の障がいに共通して見られる特性があります。運動会をイメージしながら、代表的な発達障がいを取り上げて述べると、おおむね以下のようになるでしょう。

1 知的障がい

物事の理解や言語的なコミュニケーション、運動発達などが年齢水準に届いていない状態です。ですので、決められた手順や動き、ルールなどがなかなか覚えられず、他児と同じようにできるまでには時間を要することが多くなります。たとえば、ダウン症の子が抱えている障がいは知的障がいですが、多くの場合、運動発達状況にも課題があり、模倣が上手にできないことが目立っています。運動会にしばしば登場するリズムダンスや縄跳び、物を扱う競技なども苦手です。

2 注意欠如・多動性障がい（ＡＤＨＤ）

文字どおり、注意力が散漫で落ち着きがなく、衝動的で突発的な行動が少なくありません。興奮しやすく、気持ちのコントロールの苦手さも目立っています。勝ち負けにこだわって、一番になれなかったりすると泣き叫んだり、暴言を吐いたりなどのかんしゃく的な行動につながりやすく、友達や大人を困らせます。一方、注目を浴びること、目立つことは大

好きです。人がたくさん集まる場面では苦手なことでなければ意欲的になってくれます。

3 自閉スペクトラム症（ＡＳＤ）

いわゆる自閉症といわれる範囲です。ただし、知的な障がいがあるタイプとないタイプではやや違いがありますので、やはり一概にはいえませんが、園生活のなかで特徴的な行動が見られる場面が少なからずあります。特に新しい取り組みにはすんなり入っていけず、難しいことがあります。自閉症範囲の子が全員該当するとはいわないまでも、抵抗や拒否を見せたり、嫌がって逃げ回ったり、物事の流れや設定にこだわって動かなくなったりします。とにかく、その頑固さには周囲もほとほと困るときがあります。感覚的な過敏反応を見せる子もいます。特に騒音や大音響には耳をふさぐなどの拒否的な反応を見せることも珍しくありません。

4 発達性協調運動障がい

いわば身体のコントロールや調整が不得意で、粗大運動困難から手先の巧緻性まで顕著な不器用さなどとして見られます。ダンスや手遊び歌、製作、動きのあるゲーム、園庭でのスポーツなどに困難を余儀なくされます。たとえば、物を使った取り組み、リズム合わせの類、協同ゲームの類、走り縄跳び、障害物競走、バランス運動の類など。

運動会当日へ向けての工夫と配慮

運動会の練習スタートに合わせての準備、つまり工夫と配慮の検討が望まれます。

1　保護者との話し合い

発達障がいを抱えながらも、日々の様子から集団取り組みへの参加が積極的（指示理解や模倣に意欲的）であるなら練習もスムーズですが、障がいの程度が軽くない場合は配慮が必要です。たとえば、「子どもが可能なこと」と「困難なこと」を理解して、当日の取り組みへの工夫やそのための打ち合わせが功を奏する場合があります。

ただただ「みんなと同じように！」という目標は、ときと

して思いがけない無理を招くこともあります。それでもがんばる子が出現することもありますが、さみしくやるせない思いを経験する保護者もいるのです。

2 運動が苦手な子

運動会ですので、運動そのものが苦手な場合、それぞれの競技種目が検討課題になることはよくあるかと思います。すでに述べたように、発達障がいの子どもたちは、粗大な動きから苦手な子が少なくありません。

たとえば、白線を引いても、直線を走ることが苦手で途中から外れたまま走る子もいます。ですので、曲線のトラックに沿って走るとなると難易度は増します。ライン内側にこまめにコーンを設置したり、ラインに色をつけたりすることも方法です。身体コントロール上の課題もありますが、できるだけ視覚的にとらえやすくします。

また、走り縄跳びなどがどうしても難しい場合は、縄を片手に持って跳んでるようにぐるぐる回しながら走ることも方法です（ただし、保護者の合意を得ることが大切です）。

整列やダンスなどの集団場面などで、逸脱しがちな子の場合、保育者がそばについてさりげなく修正することは援助になりますが、やりすぎないように留意しましょう。

整列でもダンス場面でも、子どもの体を押さえてまで、みんなと同じように修正することは、かえって過剰な指導のように見えてしまうものです。保育者は子どもの動きに神経質になりすぎず、寛容に見守り、受けとめながら、あわてず上手に配慮しましょう。

3　環境の変化に戸惑う子

運動会当日はいつもと違うことのオンパレードです。観客の存在（人の多さ）、あちこちに見える飾りつけ、大音響とマイク案内などです。なかにはふだんの練習時には見られなかった小道具を新品に揃え替える園もあるでしょう。これらに対して過敏になり、反応せずにはいられないのが自閉症範囲の子どもたちです。混乱・パニックを起こして泣き出したり、強い拒否を見せたり、突然の変化に戸惑い状態になることが多々あります。したがって、練習時からこれらへの対策が望まれます。

たとえば、取り組みの段取り、入場・退場の場所、出番ではないときに着席して待つ位置、スタンバイの位置、身につけるもの（帽子、ハチマキ、バッジ、胸章など）、手にす

るグッズ（ダンスでのポンポン、リレーバトンなど）を極力当日と違わないように（同一に）することが子どもの気持ちの安定につながります（これは、運動会に限ったことではありません）。

4 勝敗に感情が崩れる（乱れる）子

いわゆる勝ち負けにこだわって、負けるたびに納得いかず憤慨・興奮しては乱暴行動、暴言、果ては大泣き状態や参加拒否状態になることがあります。そういう状態になりやすい代表は、ＡＤＨＤ範囲ならびに自閉症（高機能）範囲に目立っています。ですので、思いどおりに事が進んでいれば機嫌よく意欲的なのですが、少しでも自分の思いどおりの筋書きから外れる結果になるやいなや気持ちが乱れて行動と感情のコントロールがうまく保てなくなって、しばらく不安定になりやすいのです。運動会当日にその状態になると、身近な周囲はわかっていても、初めて見た大人はとても困った残念な気持ちになります。なんとかしたいものです。

効果的なのは、やはりふだんの練習時から、自分の気持ちの予測とふりかえりを取り入れていくことです。たとえば、毎回競い合う取り組みの始まる前に個別的に話し合い、約束を交わします。ごく単純にわかりやすく「負けたときに○○（乱暴行為や暴言など）はやめようね！」「ちゃんと○○（『明日はがんばる』『みんなとがんばる』『ごめんなさい』）っていおうね！」と。ちゃんとできたら十分ほめてください。そして終わってから別な楽しいことを設定して、その見通しをもたせてもよいでしょう。いつも練習には楽しさ、心からの笑い、愉快さを忘れないように。

電車やバスを利用した遠足
─準備と計画─

多くの園では、秋に集団での遠出を実施します。
イモ掘り、遊園地、博物館や水族館などへの遠足、アスレチックなど。
みんなとバスや電車に乗って、
目的地まで行って戻ってくるという体験をすることでしょう。
発達障がいを抱える子どもとその保護者、そしてクラス担任にとっては、
細かな配慮を要する行事ですが、それは同時にとても楽しい思い出づくりにもなります。
笑顔の絶えない楽しい一日にするために、慎重な準備と計画を立てて進めていきます。

遠足に向けての工夫と配慮

1 担当保育者との打ち合わせ

行動の自己管理や自己コントロール、コミュニケーション、あるいは指示理解の困難さなどが目立っている子に対しては、担当保育者を決めて対応することが望まれます。

予定に従って集団行動することが重要になる野外活動においては、予想外の事態に常に

気をつけなければなりません。そういう意味では、大人は気を抜くことはできません。初めての場所での活動においては、ともすると衝動性や興奮性が刺激されやすく、発達的な課題を抱える子どもの情緒や行動の逸脱が誘発されやすいのです。主たる担当保育者を配置して、安全に大切な一日を送るようにしましょう。

2　保護者との話し合い

保護者側の心配、不安について

家族で遠出する際に、いつも準備していることや注意していることなどについて保護者から話を聞いて、参考にすることは大切です。保護者側にとっても安心感につながります。

問題発生予測と具体的な援助方法について

家庭で困った行動としてどんなことが見られているか。また、そういうときにどのように対応しているのかなどを聞いて、園側の準備や配慮、心構えの参考にしましょう。

3 アクシデントへの対応（リスク管理）

偶発的な出来事も想定して、対応できるように心がけておきましょう。日々の生活において、しばしば見られる抵抗、拒否、パニック、泣き叫び、こだわり、固執、ちょっかい、トラブルなどが、いわば非日常的ともいえる特別な行事においては、特に発生しやすくなる可能性があります。

無視できない問題行動の多くの場合において、発達課題を抱える子ども自身には、一般の大人が考えるような悪気や意図性はないのですが、保育という社会的な意味合いにおいて、結果的には管理・同伴する保育園側の責任が問われることになります。たとえば、迷子（行方不明）、衝動的な突発行動（危険につながる行動）、ケガ、子ども同士のトラブルのエスカレート、ルール違反行為、いたずら行為、迷惑行為、公共器物破損などです。くれぐれも未然に防ぐことが望まれます。

当日の行動チェックと確認

1 出発前

乗車まで

落ち着いて乗車するための手順として、車内のどの位置にすわるか、誰が誘導・補助するのか、荷物の管理をするかなどを乗る前に確認します。

座席周辺のチェック

たとえば、すわった場所の周辺の衝動的にさわりたくなるようなものの有無、保育者の指示や声かけが届きやすい場所かどうか、トラブルにつながりやすい他児との距離（接触の回避）、大人が隣にすわった場合の問題性の有無、

パニックや大泣きが予測される場合の他児への影響が少ない位置（一番前がよい）かどうかなどをチェックします。バスなどの乗り物酔いに対しても前方が望ましい、ということはよく知られています。

車内での楽しい取り組み（歌、ゲーム、集団やりとりなど）に気持ちを合わせて楽しめるのであれば心配はないのですが、実際には、そういうことに対して苦手な子が少なくありません。大人の個別的な対応が必要になるかもしれませんし、あるいは、他児には見向きもせず、何らかの好きなことにひとりで（自分の世界に）熱中することも考えられます。

2 車内での過ごし方

車窓からの景色の流れを興味深く見ながら長時間過ごせる自閉症スペクトラム障がい（ＡＳＤ）の子は少なくありません。乗り物の中ではおとなしくしていられるので比較的安心です。一方、目的地に着くまで動き回るのを制限されることに対して、がまんの持続が難しい反応を見せる子もいます。注意欠如・多動性障がい（ＡＤＨＤ）などの多動範囲の子どもたちです。気持ちがほぐれるような楽しい工夫が必要になります。

みんなでやることに興味や関心がもてず、理解や共有が難しい子どものための対策も必要です。準備として、対象となる子どもの好きなものをあらかじめ用意することも方法です。本人が好きな絵本、手元で遊べる玩具、イヤホンで聞ける音源などです。車中で他児が気にならない形で提供できるものであれば、穏やかに一定時間は楽しめるでしょう。

3　現地での予定と行動の流れ

子どもの動きの把握

現地での予定や行動の流れをチェックし

たうえで対応を確認しましょう。特に衝動的、突発的な行動の発生を想定することは必要です。しかし、予測できないこともあります。場所・場面に合わせて、子どもとの手つなぎが必要になることもあります。子どもの動きを常に大人の視界に入れておく配慮が必要です。また、知的障がい（ＩＤ）をもつ子は、段取りよく動くことが苦手なことを理解しましょう。随所に大人の声かけを必要とするかもしれません。状況を確認しながら、気の合う友達と「組」になって動いてもらうことなどを工夫してもよいでしょう。

4 記録

本来であれば、対象となる子どもの楽しむ姿やちょっと困った様子、自然な表情などを写真や動画に撮っておきたいところですが、最近は、個人情報への配慮から、そういったことがなかなか難しくなっています。それぞれの園の可能な範囲での工夫が望まれます。二度と戻ってこない思い出のひとこまひとこまを大切にしたいものです。

5 帰り

再乗車～降車

再び、乗車時の手続きに従って誘導、指示します。降車時も同様に、落ち着いて行動できるようにするために誘導・補助・荷物の管理などの役割を確認しましょう。

生活発表会 ―準備と計画―

生活発表会には、その園ならではの企画があります。演劇仕立て、ミュージカル仕立て、歌・手話入り合唱、合奏など、さまざまな子どもたちのステージ発表があります。

しかし、発達障がいを抱える子どもとその保護者、保育者にとっては、楽しく乗りきりたいと思うと同時に、期待と不安に包まれます。子どもたちと保育者の練習の成果を披露する機会であり、自然に力が入りますが、なかなか難しい現実もあります。

発表テーマ・内容の決め方

個々の障がいの程度にもよりますが、日ごろから集団参加を楽しめる軽度範囲の場合は、問題も少なく進めていくことができるでしょう。しかし、コミュニケーションや物事の理解が困難な中度~重度の障がい状況にある場合は場面ごとに難しくなります。

ポイントは、対象となる子どもに内容を合わせるのではなく、まずは、クラスの子ども

たちみんなが意欲的になれるような発表テーマ・内容を選出することにあります。

クラス全体の前向きな雰囲気が重要であり、全体の雰囲気のよさに感覚的に触れながら、援助されて参加していく経験が、対象となる子どもたちには大切なのです。快適な雰囲気が継続される状況、そのなかで、あらかじめ検討された場面への参加練習を重ねるうちに、気持ちが刺激されて徐々に慣れていくことが期待できます。土台はクラスの雰囲気づくりにあります。

そのための準備として、発表テーマ・内容を決める際に子どもたちの声を生かしていく工夫が必要です。幼児クラスであれば話し合いは可能です。たとえば、3～4歳児クラスであれば、保育者の仲立ちを受けながら、「自分たちのやりたいこと」を導き出していくことができます。5歳児にもなれば、ある程度自分たちで話し合いながら結論にたどり着くことが可能になってきます。

目標とする発表テーマ・内容に自分たちの声が反映されているかどうかは、子どもたちの活動へのモチベーションを左右します。このモチベーションこそがクラス全体の雰囲気のよさにつながっていきます。

対象となる子どもたちの日ごろの様子を再確認

1 「興味・関心」について

クラスで決めた目標内容に興味・関心をもてる場合は、いくつかの場面で、部分的に援助されながらみんなに合わせていけるかもしれません。しかし中度～重度域の知的障がい、あるいは注意・集中持続や行動・感情統制が崩れやすいＡＤＨＤ（注意欠如・多動性障がい）をもつ一部の子どもたちが、興味・関心をもてない場合は逸脱や拒否につながりやすく、落ち着かなくなる状況が想定されます。同様に、ＡＳＤ（自閉症スペクトラム

障がい）範囲の子どもたちにも、興味・関心の有無は参加状況に顕著に影響するでしょう。

どのようなものに興味・関心をもつのかを再確認しましょう。身につけたり、操作したりするもの、あるいはセリフのフレーズやキャラクターによって、積極的になったり、反対に頑固な拒否行動になったりします。

2 「得意なこと」「嫌なこと」について

子どもによっては、大声を出すことが得意であったり、物を回すことが上手だったり、文字を読むことができたり、逆に、人前に出ることを嫌がったり、物を持ち続けることを嫌がったり、物扱いが乱暴だったり、さまざま見られることは珍しくありません。

嫌がることをどうすればよいのか悩むのではなく、好きなこと、得意なことに注目して工夫していくのがポイントです。

3 友達や大人との関係について

保育の運営上、いつもそばについている保育者（多くは加配された保育者、あるいは非常勤やパート保育者の場合が多い）が、対象となる子どもたちをもっとも熟知した保育者であるとは、必ずしもいえない実情があります。ややもすると子どもに追従し、ときとして自由（勝手）行動を強化する存在になっていることもあるのです。

むしろ、ほかの職員や友達との関係において比較的安定した姿が見られることがあります。そういう関係をうまく取り入れて、チームを組んで工夫することも、落ち着いたパフォーマンスを引き出す方法になります。

4 家での様子について

家での様子を家族から聞いて、家でよく見られる遊びや行動、遊ぶ道具・おもちゃなどを検討することも大切です。あくまでも可能な範囲で、家にある物・道具を利用できないか検討することも方法です。

発表会に向けての対応

1 対象となる子どもの保護者との共通理解

まずは保護者との話し合いをもちましょう。クラスの発表テーマ・内容を説明すると同時に、どの場面にどういう役割で参加をするのか、その理由などの理解と了解を得ることが大切です。

練習（リハーサル）の進め方、具体的援助方法、子どもの気持ちを促す準備と工夫（得意なことの利用、その引き出し方、他児との組み合わせなど）を伝えます。

予想される問題への対応方法などについても、事前に話し合いをもつことが大切です。保護者も見通しをもてることになり、気持ちが安心します。

2 ほかの保護者への情報提供

クラス便りなどを利用して、クラスの子どもたち全員が話し合って決めた発表テーマ・内容であることを説明すると同時に、見どころ、個々の子どもたちの意欲と役どころ（対象となる子どもたちもしっかり含めて）、クラスの子どもたちと担任の掛け合い、練習の進み具合なども知らせましょう。たとえば、途中経過もおもしろく伝えていくことで、保護者のクラス理解につながっていきます。

3 問題事態への留意事項

問題事態とは、対象となる子どもたちが見せる興奮やパニックなど、あるいは危険につながりやすい行動が基準になります。

留意事項として、保護者と話し合って、日ごろの保育に取り入れている対処方法に基づいて配慮することを伝えます。

あくまでも無理は禁物です。たとえば、数回チャレンジして数回とも激しい拒否が見られた場合はすみやかに考え直す、というように基準をもってください。具体的な回数に関しては、子どもの日ごろの様子から導き出してください。あるいは、定期的につながっている巡回の先生に相談するのもよいでしょう。

第3章

0歳児～2歳児への発達支援

0歳児〜2歳児の発達上の課題

精神機能の発達と身体機能の発達。
このふたつの機能がお互いに働き合って、
人間は成長していきます。
本章ではまず、乳児期、幼児期前期に限り、
この発達上の障がいが疑われる
チェックポイントについて話します。
多くの子どもを見る機会のある保育者だからこそ
早めに気づけるし、気づいていただきたい。
そのために、まずは
子どもの気になる特徴を見ていきます。

1 早期発見の場としての保育園

はじめにお断りさせてください。前ページにある「チェック」という言葉は、なにやら機械的な冷たい作業に聞こえるかもしれませんが、目の前の子どもを細かく検査まがいに扱うことをいいたいのではありません。一人ひとりの子どもの発達上の課題を、より早期に見いだすことが子育てや保育をしていくうえでとても重要になっているのです。たとえば、近年、発達障がいを抱える子どもたちが減少するどころか、ますます目立ってきている現状において、まさに乳幼児期への意識は高くなっています。できる限り早いうちに、その子がもっているかもしれないハンディキャップや生きていくうえでの困難性を見いだすことは、その子どもの成長を支援していくためには欠かせない作業なのです。特に多くの乳幼児が生活する保育空間において、保育者の日常的な目線が重要になります。乳児期はおおむね1歳半あたりまでをいいます。その後、幼児期前期、後期となっていきます。まずは、乳幼児期の通常の発達から眺めてみましょう。

心身機能の発達

ひとりの人間が成長していくためには、心身機能の発達が望まれます。「心」は精神機能が受け持っていて、認知、言語、感情などの働きをさし、知的発達と重なります。一方、「身」は身体機能が受け持っていて、上・下肢の粗大な動きや細かな動き、生理的、感覚的な働きをさし、運動発達と重なります（図1）。この精神（心）機能と身体機能の両輪の発達に何らかの遅れやつまずきが生じた場合に、その程度によって、精神（心）の場合は知的障がいとなり、身体の場合は身体（運動）障がいとなります。さらに、このふたつを併せ持った場合は重複障がいになります。

図1　心身機能の発達

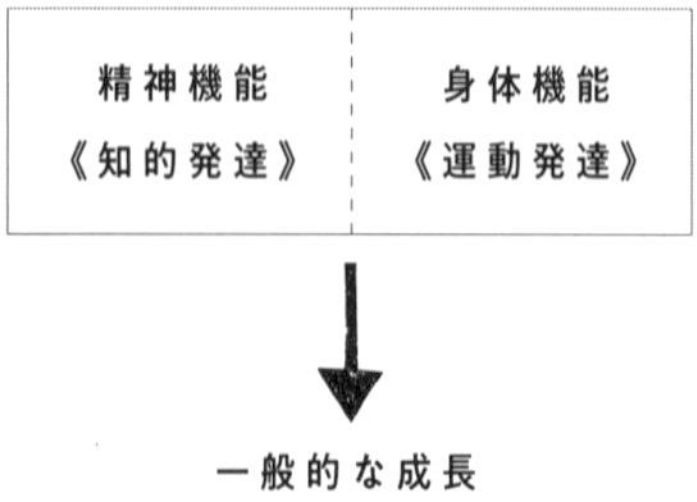

コミュニケーションの発達

人と人とが何らかの方法で気持ちや意思を交換し合うことをコミュニケーションと呼んでいます。乳児健診や1歳半健診、あるいは3歳児健診において、ひときわ相談の多い項目に言葉の発達があります。言葉はコミュニケーションの重要な道具ではありますが、実は言葉がなくてもコミュニケーションが成立することは誰でも知っています。このコミュニケーションの発達経過を、改めて眺めてみましょう。

まずは、一般的な乳幼児期のコミュニケーションの発達です（図2）。人は生まれてまもなく人の顔らしきものに対して微笑み反応を見せます。この微笑みは初期の愛着反応とも呼ばれており、たいがいの親や大人はこの乳児の微笑み反応に触れた瞬間から、その愛らしさに心を奪われてしまうのです。驚くことに、言葉を使用せずに大いなるコミュニケーションがすでにスタートしているのです。やがて、喃語《なんご》が聞かれ始め、いないいないばあに反応し、絵や物を指さすようになり、「ねんね」などの言葉の意味を理解するようになります。手遊び歌など、どんどん真似（模倣）も上手になります。その後、1歳半から就学前までには言葉の獲得と会話スキルが見事なスピードで実現されていきます。

2 知的障がいが疑われるポイント

先に述べたとおり、知的障がいは精神発達がゆるやかな状態

図2　初期コミュニケーションの一般的な発達

乳児期 ──→	幼児期
・人への微笑み	・1歳過ぎには言葉を獲得
・物を要求するための発声	・2歳ごろには2語文の使用
・いないいないばあを楽しむ	・3歳ごろには3語文以上
・絵や物を指さす	・5歳ごろには会話の向上
・「おいで」「ねんね」を理解する	・就学前には文字の獲得
・模倣	・想像（イメージ）の拡大
・その他	・その他

をさしますが、ほとんどの場合において運動発達の遅れも伴います。病気が背景にある場合とない場合があります。前者で比較的よく知られている疾患としてダウン症候群があります。知的障がいを抱えながら、その背景には染色体の偶発的異常があります。一方、後者は数的に多く、おおむね遺伝的な原因が背景にあります。障がいであるかどうかの診断には、検査と検討が必要ですが、背景となる疾患などを抱えていない子の乳児期にはわかりにくいものです。

保育園の0～1歳児クラスで多く見受けられる様子として、まず、運動発達の経過が挙げられます。たとえば、平均6か月前後以降の、寝返り～座位～ハイハイ～立位～歩行までの進展が目立ってゆっくりであることが少なくありません。この段階は言葉が出る前ですので、コミュニケーションの判断としての言葉は基準にはなりにくく、むしろ、非言語的な対人的反応（やりとり）が重要になります。たとえば、物事や人への反応がどうなのか、表情変化の有無、感情表出（笑う、喜ぶ、怒る、怖がる、泣く、慕うなど）、覚醒度（ぼんやりとしているような様子の有無）はどうか、物事への集中はどうか、興味や関心をはっきり見せるかどうかなどです。乳幼児期には、おおよそそれらの反応に、わかりにくさや乏しさを見せることが少なくありません。

1歳代後半になれば、コミュニケーションの発達状況に、何らかの気になる状態が明らかに目立ってきます。たとえば、言葉の獲得と使用に遅れが見られ始めます。図2に示したようなステップを、年齢に沿った平均的な形で進まない状態などが見られます。つまり、言葉の表出と理解に困難さが表れてきます。集団生活において、簡単な指示がわからずスムーズに動くことができないため、場面ごとに他児より行動が遅れがちになってきます。言葉とリンクしますが、口腔機能（口の働き）にも表れやすく、食事において、咀嚼《そしゃく》と嚥《えん》下《げ》などが上手にできない様子もしばしば見られます。なかには、食事の量を自分ではうまくコントロールできないため、口に大量に詰め込んで嘔吐《おうと》しそうになるなど、毎回介助が必要になる子どももいます。

保育空間においては、年齢が上がるにつれて、他児との差が徐々に目立ってくることになります。障がい範囲に相当するかどうかは、さらにその後の発達状況を見ていくことが必要になりますが、そういう意味でも、常に客観的な目線が大切なのです。同時に、1歳半健診や3歳児健診も判断のよいきっかけになります。そのうえで、より早期に専門的な相談と発達検査に基づいて、さらなる保育および子育て支援を実施していくことが求められるのです。

3 保護者は気づきにくい 気になる乳児の特徴

一般的な発達において、初めて歩くのは1歳ごろですが、この時期の前後の気になる様子を並べてみました（図3）。図3をよく見ればわかりますが、それぞれいくつかの項目に分けることができます。たとえば、「あやされても笑わない」は対人反応といえます。

このようにして、項目を整理してみると、まず、「対人反応の乏しさ」「感情反応の凹凸」「模倣困難」「慣れにくさ」「多動性」「興味・関心の偏り」「言語発達の遅れ」などとなります。

これらは、よほど極端な気になる状態でないかぎり、初めての子育てとなる保護者にはわかりにくいことであり、子育ての孤軍奮闘につながっていく原因となることがあります。つまり、保育現場をはじめとする集団生活のなかでこそ気になり、気づきやすい子どもの様子といえるのです。そういう意味においてもなおさら保育者のもつ子どもへの目線の重

図3　乳児期の気になる様子（初めて歩くころ）

前

・あやされても笑わない
・抱っこしにくい
・目線が合いにくい
・ほとんど泣かない
・過敏な激しい泣き叫び
・喃語がない
・真似しない（バンザイ、バイバイ）
・人見知りや場所見知りの極端な有無
・呼びかけへの反応がない
・その他

→ **初めて歩くころ** →

後

・呼び名に反応しない
・指さししない
・どんどん勝手に動く
・人（場所）見知りが強く泣いて抵抗
・手当たりしだいの行動
・絵本やおもちゃに興味を示さない
・激しいかんしゃく・泣き叫び
・言葉が増えない、聞かれない
・他児とかかわれない
・その他

要性がよくわかります。

しばしば聞かれることですが、「男の子は言葉が遅いから……」とか「パパが自分の小さいころにそっくりといってるから……」といった話から、保護者の気づきが遅れる場合があります。保護者にとって、ますます気づきにくくなることが珍しくありません。問題はここにあるのです。先に挙げたそれぞれの項目だけを見れば、確かに通常の発達状況にも見られるのですが、図３に挙げた具体例になると、すでに障がいと重なる発達課題が見え隠れしています。

次は、気になる幼児期前期（１歳後半〜２歳代）を取り上げたいと思います。

4　気になる幼児期前期

４つの状況

１歳後半〜２歳代はいよいよ身体的にも動きのコントロールが進みますので、気になる行動もやや注意を要するようになってきます。気になる状況を４つにまとめてみました。項目としては、「行動」「情緒」「生活・環境」「心身の発達」です。

①行動問題は、たとえば、乱暴（たたく、かみつく、蹴るなど）、かんしゃく、物投げ、パニック、飛び出し、拒否、抵抗、落ち着かない（多動）、遊べない、くり返し行動など

が挙げられるかと思います。
②情緒問題は、たとえば、神経質傾向、いらいら、興奮・泣き叫び、内向性、過剰反応、かん黙、不安、習癖（指しゃぶり、爪かみ、チック、吃音《きつおん》など）、孤立などが挙げられるかと思います。
③生活・環境問題は、たとえば、生活リズムの崩れ、養育環境（人・物）の不全、習慣が身につかないなどが挙げられるかと思います。
④心身の発達問題は、たとえば、発達の遅れ、発達障がい、病気などが挙げられるかと思います。

①〜④のなかでも傍線部は保育者の悩みとして上位にあり、1〜2歳児保育の難しさの象徴といってもよいかもしれません。ここでも乳児期と同じように、挙げた4つの項目だけを見れば、確かに通常の発達状況にも見られることではあるのですが、たとえば、①と②の具体例になると、そこにはすでに障がいと重なる発達課題が見え隠れしていることに気づかされます。そして③が加わり、④へとつながっていくことが少なからず生じるのです。なかでも自閉症などの「発達障がい」問題は、支援保育ならびに支援教育において、今後の方向性が強く問われています。

この発達障がいを疑わせる兆候は、成長に伴いますます目立ってきます。次に、そのあたりを中心に話を続けたいと思います。

０歳児～２歳児のＡＳＤとＡＤＨＤ

これまで通常の発達に対して、
気になる発達の特徴的な様子を見てきました。
ここでは、具体的にＡＳＤとＡＤＨＤという
ふたつの代表的な発達障がいについて見ていきましょう。
これから子育てで奮闘する保護者を
孤立させないためにも、
ぜひ基本的なことを知ってもらいたいと思います。

発達障がいが疑われる0歳児〜2歳児の特徴的な様子

以前は子どもは、精神機能（心）と身体機能（身）が、クルマの両輪のようにお互いに働き合って成長することを述べました。

特に精神機能の発達は、どのようなものかを初期コミュニケーションの発達に関して見てきました。しかし、こうした一般的な発達とは違い、知的障がいが疑われるケースもあります。

幼児期前期になると、気になる行動はやや注意を要するようになってきます。具体的な問題例は125〜126ページに示したとおりです。①と②の事例は、発達障がいに見られやすい特徴に重なることが少なくありません。

そして、これらの様子は、なかなか家庭では把握しがたく、保育園などの施設で発見される例もかなりあります。

図４　発達障がいの概念図

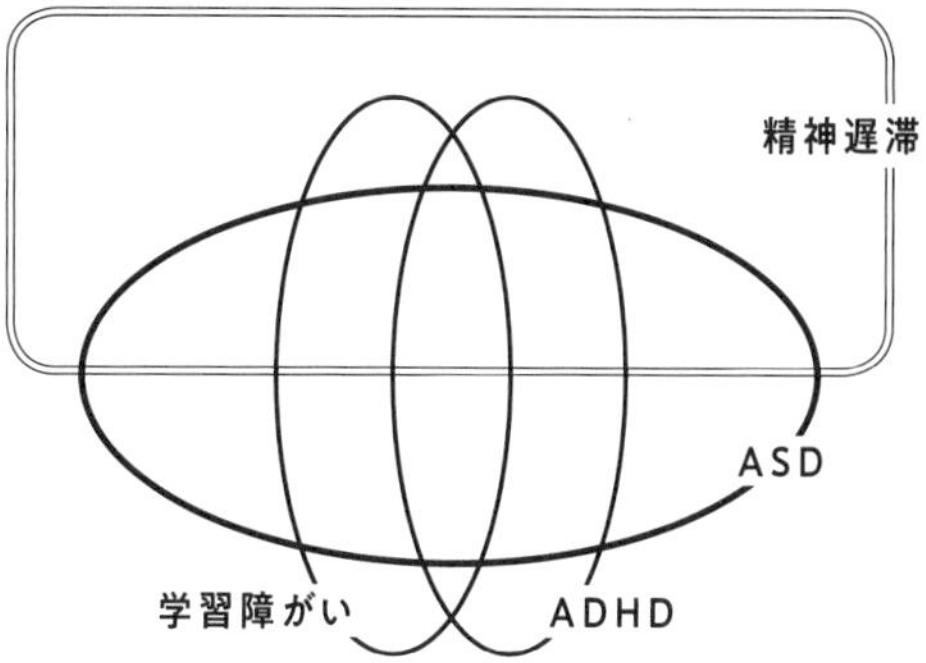

発達障がいを概観すると、４つの範囲が並びます（図４）。①精神遅滞（知的障がい）、②ＡＳＤ（自閉スペクトラム症／自閉症スペクトラム障がい）、③ＡＤＨＤ（注意欠如・多動性障がい）、④学習障がいの４つです。①は１２０〜１２３ページで述べた知的障がいを参照してください。また④の学習障がいについては、多くの兆しは年中あたりから就学後に目立ってきます。

今回は特にＡＳＤとＡＤＨＤの乳幼児期を眺めてみることにしましょう。

ＡＳＤ（自閉スペクトラム症／自閉症スペクトラム障がい）

ＡＳＤは、他者との関係の持ち方、コミュニケーション、こだわり行動などに独特の様子を見せることで知られている発達障がいです。従来、象徴的に自閉症という名称で呼ばれてきましたが、近年、言語発達や知的水準に遅れのない人たち（アスペルガー症候群）の存在も含めて、あまりにも個人差がありすぎる実情なども相まって、それまで考えていた以上に、同じような特徴を併せもつ人たちが予想以上に多く存在することがわかってきました。

この30年余りは診断基準の改訂などに伴い、診断の網の目が変化していることに起因して数が増えているのかもしれません。専門的な見解として、社会的コミュニケーションや知的側面を機能的に低い範囲から高い範囲までのつながりのある連続した広がりとしてとらえるスペクトラムという概念が定着してきました（図５）。

図５　スペクトラムのイメージ

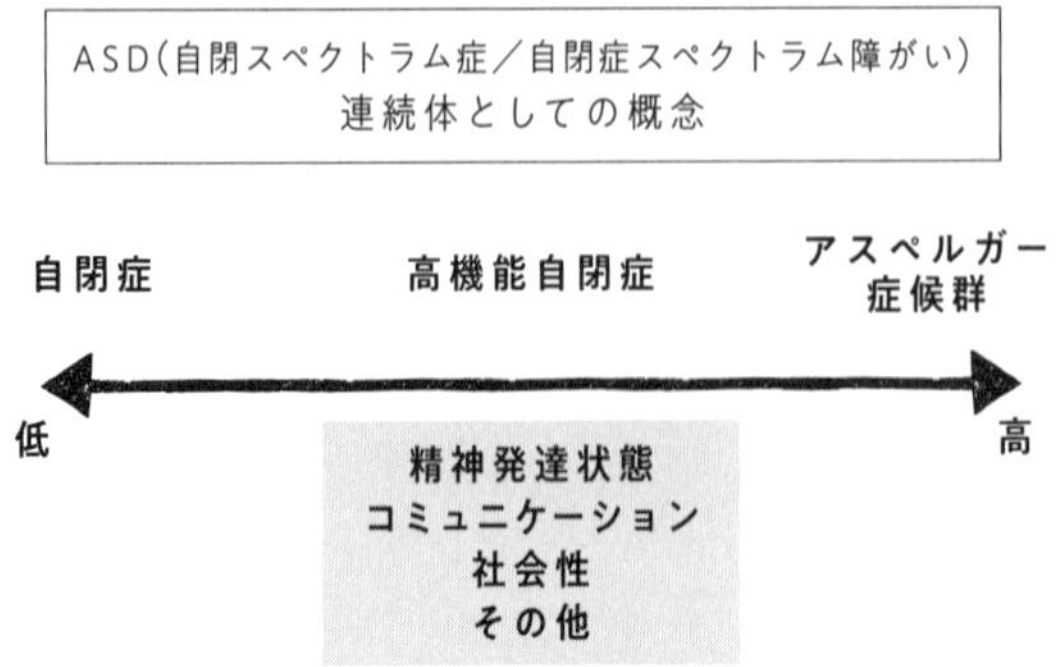

「子育てが楽だった」という報告事例も

ＡＳＤの子どもたちが見せる乳幼児期の特徴は、ちょっと変わった様子も含めて、とても印象的なことがいくつも報告されています。

たとえば、乳児期から、過敏な泣き、あやされることを嫌がる、抱っこされることを嫌がる、ひとりで寝かされているほうがおとなしい、目線を合わせないように見えるなど。

実は、母親からは、「乳児期の子育てが楽だった」と振り返る報告例が少なくないのです。しかし、その一方で、ひとときも母親から離れない、ちょっとしたことにおびえたように泣き叫ぶ、なかなか慣れない、声かけや呼びかけへの反応の乏しさ（聞こえていないかのような）、表情変化の乏しさ（うつろな感じ）、逆に何にでもとても興味深そうな表情、何かに夢中になっているとき、しばしば腕や足を突っ張るように硬直させて力む様子などがあります。

遊びの様子では、ひとり遊びが多く、あるいは無目的にふらふらしたり、単純な手遊び歌などにも模倣を見せない（そもそも関心を示さない）でいたり、集団のなかに紛れていてもよく見ると淡々と自分の世界に集中しているような様子が見られます。同じ物（形、色など）を集めたり、おもちゃや小物などを横や縦に並べたり、お気に入りの物をずっと持ち歩いたり、それらが毎日くり返されるように見られることが少なからず報告されています。両手をひらひらさせながら走り回ったり、自らくるくる回ったり、また換気扇、扇風機、洗濯機の渦などの回転するものにいつまでも見入ったり、ともすると、思いどおりにならない場面でのかんしゃく泣きなどもしばしば見られる光景です。

ただし、なかには通常発達の子どもにもときおり見られる行動も含まれているので、1～2度見られたからといって、すぐに発達障がいを疑うことに直結するということではありません。この点は留意しなければなりません。

いつもと違うことは苦手 不自由なルールに固執

言葉の発達においては、一般的には、オウム返しのような反応やひとりおしゃべり（独語）は、よく知られているところです。2歳の後半から3歳になるころにも言葉が聞かれない（無発語）、増えない（言語遅滞）、あるいはまれに、2歳前にそれまで聞かれていた言葉が、突然失われたような状態になることも起きます（言語消失）。

一方、別な一群は、目立った言語の遅れがなく、3歳になるころには年齢にそぐわないほどの流ちょうさで話すようになることも珍しくありません。なかには、まるで大人のようなフレーズを使いながら語りかけてくる子どもも出現します。

比較的共通している様子として、いつもと違う突然の事態や初めてのことに対して、混乱、パニック状態になることは多く認められています（変化への混乱・抵抗）。

また、すべてのASDの子どもに共通していないまでも、乳幼児期に見せる驚くほどの記憶力もしばしば経験する事実です。その一部の表れとして、一度経験したことを、次回からきちんと再現しようとして、物の置き場所・置き方、道順、目に映るままの情景・物理的配置などに固執性を見せることも多くあります。物事の「そうであった」ことを「そうであるべき」にしないと気がすまないような固定的な理解を示します。これらが、強い「こだわり」行動への扉になっていきます。客観的には、子どもの行動や反応は、頑固で不自由な傾向を余儀なくされるのです。

ADHD（注意欠如・多動性障がい）

ADHDの乳幼児期の特徴としては、文字どおり際立った多動性といえます。目立ってくるのは、身体移動のはじめの時期からです。たとえば、ハイハイの時期からです。とにかく、じっとしていることがなく動き回るので元気さのかたまりなのですが、やがて歩き始めの時期になると、いよいよ目が離せなくなります。この落ち着きのなさは、先に取り上げたASDの子どもたちの一部にも似た状態で見られることが少なくありません。

保育現場においても、0歳児クラスから目立っています。その場でおとなしく抱っこされていることが乏しいので、保育もあれこれ工夫が必要になります。

そして1歳児クラスでは、おもちゃの取り合いなどから他児とのトラブルが多発する日常となっていくことが多いです。思いどおりにならない場面でかんしゃくを起こし、衝動的に突然手が出るような、いわゆる乱暴行動が目立ってきます。たたく、押し倒す、そしてかみつきなど、何度言い聞かせてもくり返されます。保育者も保護者もどうすればよいのかわからず苦心します。保護者同士のトラブルにまで発展することも決して珍しくありません。その後、ＡＤＨＤの一部の子どもたちは、興奮や衝動性をコントロールすることがうまくできないために、不利な状況を積み重ねていくことになるのです。

就学以降の問題行動につながる可能性

乳幼児期の発達の遅れは、その後の問題行動につながっていくことがあります。就学以降、状態像（横断的な症状の集まり）が望ましくない方向へ進展していくと心配です。ひとつは学習障がいです。ＡＤＨＤの子どもたちにも一部見受けられる状態です。教科学習上の進展に凹凸があり、算数や国語、そのほかの学習にもハードルができてしまうことです。脳機能的な課題を抱えながら、話をちゃんと聞いて、集中して授業につきあうことができにくいことから、やがて授業についていけなくなり、勉強がわからなくなってしまうことがあります。

一部の子どもたちは、先生から注意されたり、まわりからあれこれいわれたりすると、おもしろくない気持ちに陥りやすくなり、反抗的になったりします。それがエスカレートすると、反抗挑戦性障がい、素行障がいへ進行することもあります。このあたりから、反社会的行動が多くなってきて、学校外でも問題行動を起こすようになる場合もあります。なかには、事件につながっていく場合もあるのです。世の中の向かい風に襲われながら、そこで引っかかったり、つまずいたりする子どもは少なくありません。しかし対照的に、環境と人に恵まれながら成長していく子どもが多いことも事実なのです。

まとめ

乳幼児期は、子どもと保護者と保育者、そして関連機関が互いに手を握り合いながら歩いていく道のりです。乳幼児期に向き合う私たちがさまざまな立場を超えて、互いにコミュニケーションを深めていくことによって、それぞれの子どもの生き方も見え

てきます。

発達に課題をもつ0・1・2歳児の発達上のチェックポイントを、視点を変えながら取り上げてきました。話の柱として、発達障がいに触れてきましたが、いうまでもなく発達障がいだけがチェックすべきすべてではありません。しかし、子どもの発達問題を語るとき、まずは乳幼児期からの早期の取り組みとして、その背景に発達障がい問題を無視しては始まらないことも事実なのです。

乳幼児期の子どもたちへの配慮ある目線の重要性は、必要以上に子どもの育ちのあれこれを重箱の隅をつつくように眺めることではありません。しかし、発達の様相が見えにくくなっている現状において、見るべきところをきちんと見ていく保育者のまなざしがますます重要になってきているのです。

第4章
就学に向けて

就学に向けて

「就学時健康診断」を境に、年長児の就学に向けた各園の取り組みが慌ただしくなります。小学校での集団生活に適応できるのか、子どもたちのために就学に向けた支援の取り組みを知っておきましょう。

就学相談の流れ

どういう進路が子どもに適切なのかを相談できる窓口が各自治体にあります。地域の教育センターなどで、就学相談を受け付けています。

園ではなく、まずは保護者が面談の予約をします。相談員による在籍園での行動観察や話し合い、必要に応じ発達検査などが行われます。就学支援委員会での審議を経て、就学先が助言されます。

3つの就学先

就学相談の結果、大別すると「特別支援学校」「特別支援学級」「通常学級」の3つの進路に分かれていきます。どの進路を選ぶのかは、専門家の助言をもとに、保護者が決定します。強制されることはありません。

1 特別支援学校

従来、養護学校と呼ばれていた学校です。「盲」「聾（ろう）」「肢体不自由」「知的障害」の4つの専門に分かれています。小学部、中学部、高等部へと続いています。

2 特別支援学級

従来、「心身障がい学級」「特殊学級」などと呼ばれていた学級で、地域の小学校に設置されています。現在は「固定学級」の名称も使われています。

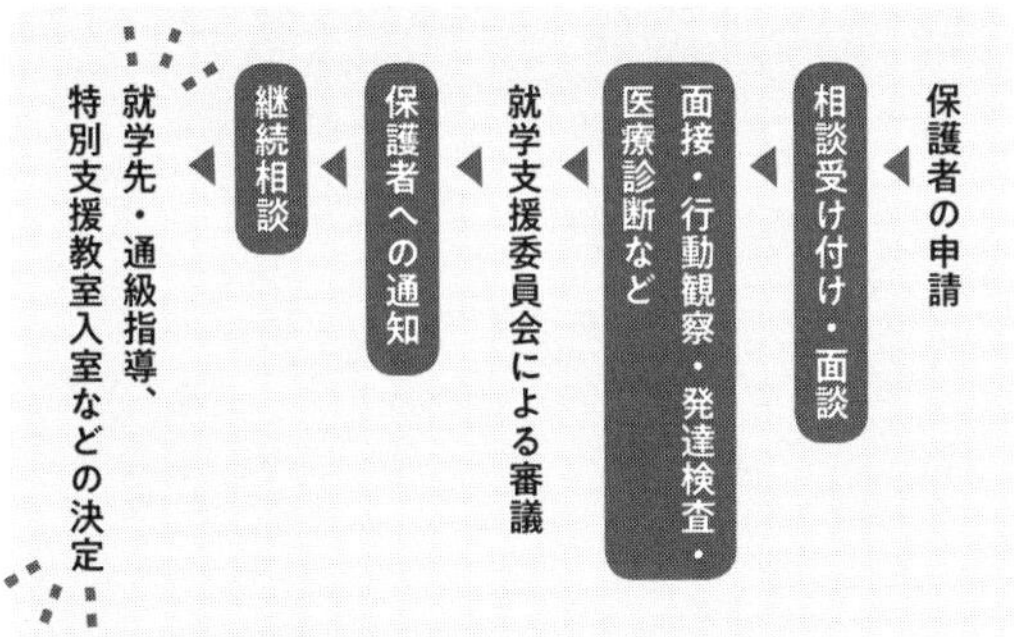

※記載中の組織名称や制度の名称などは、一般的な例を示しています。自治体によって異なります。

3 通常学級

地域の小学校にある、特別支援学級以外の学級のことで、「普通学級」ともいいます。知能指数などが通常範囲と認められた場合には通常学級に通います。

通常学級に進んだ支援対象児を支えるシステム

通常学級に在籍しながら、特別支援が受けられる以下のような制度があります。

「通級」による指導

通常学級に在籍する児童が、週1~2回、校内の別の教室に移動して、その発達課題に合った指導(特別支援教育)を受けることができるシステムがあります。「情緒障がい」「言語障がい」「学習障がい」「注意欠如多動性障がい」など多岐にわたります。

しかし問題もあります。通級指導を受ける時間は、通常の授業を受けられないため、学習にむらが生じてしまいがちです。また、通級指導の教室は在籍校に設置されているとは限らず、別の小学校に移動することもあって、送迎する保護者の負担は決して軽くありません。

特別支援教室

全国で順次導入されつつある新しい制度です。

巡回指導教員が対象児童の在籍する小学校に出向きます。各学校に設置された特別支援教室で対象児童の障がいに応じた指導をするのに加えて、対象児童が在籍する通常学級で、学級全体の様子を観察します。その結果、通級による指導に比べて、より多くの児童を観察することが可能となり、支援につながるメリットもあります。

特別支援教室での指導内容や指導時間は、基本的には通級による指導と同じです。

小学校での学習がスムーズに行われるように、ほかにもさまざまな取り組みが実施されています。

特別支援コーディネーター

学校内の関係者や関係機関との連絡・調整役、および保護者に対する学校の窓口となる教員を学校長が指名します。教育委員会などが主催する養成研修に参加します。

就学支援シート

入学先の小学校に、対象児童の幼児期の情報を共有するためのものです。保護者の希望と了承のもと作成されますが、在籍していた園や療育機関と共同で作成する形が一般的です。

5歳児Aくんの就学とその後

東京都内の保育園に通っていたAくんとその保護者の事例を紹介します。

保育園最後の年の様子や小学校との連携について、当時の担任の先生に語ってもらい、園長先生と筆者がコメントしました。

不安定な家庭環境で

Aくんはお絵描きが好きで、文字の読み書きが得意な子。甘えん坊で、ときどきかんしゃくを起こします。うっかり手が出てお友達にケガをさせたりするなど、はらはらさせられる場面もあります。

Aくんのお母さんは、「どうせ、あんな子なんで……」などと否定するような物言いが多く、ときに追い詰めるように子どもを叱りつけるのを保育者たちは気にしていました。

家庭事情が複雑で、お母さんはほとんどひとりで４人の子どもを育てていました。過去にはＡくんのきょうだいへの虐待が疑われて、児童相談所に通報されたこともあったそうです。保育者と話すときには、何か子どもや自分が批判されるのではないかと身構えているようでした。保育者は、お母さんのいうことを、まずは「受容」することを心がけて接していたそうです。

「手はかかるけど、すごくかわいい」

クラス担任の先生は、お母さんの、人を試すような態度に戸惑うこともありました。それでも忍耐強く接していくなかで、徐々にお母さんの態度が軟化していきました。あとから知ったことなのですが、担任の先生が何気なく口にした、「Ａくんは、手はかかるけど、すごくかわいい」という言葉が、お母さんの心を開くきっかけになったそうです。

秋ごろには、お母さんからＡくんにかける否定的な言葉や厳しい叱責が減っていくのを感じられるようになりました。Ａくんのがんばりをほめたり、Ａくんが不安がっているときには抱きしめたりするなど、今までになかった様子が見られました。そしてＡくん自身にも変化がありました。お友達に手を出しそうになった場面で、「うー……」となりながら踏みとどまるＡくんの姿に気づいたときには、「今、がまんできたね！」と、たくさんほめました。

就学支援シートは提出したけれど……

Aくんは、地域の公立小学校の通常学級に進学しました。お母さんからの希望もあって、「就学支援シート」を通して小学校に引き継ぎをしました。進学する小学校の1年生担任の先生が保育園の様子を見に来てくれて、特にAくんのことをよく観察してもらったことで保育園側も少し安心しました。しかし実際に入学してみると新しい環境が、Aくんの問題行動を誘発することになります。人事異動で、実際に1年生の担任になったのは新規採用の先生だったこともあり、思い描いていたスムーズな接続とはいきませんでした。

別の保育園出身で、就学前から問題行動はあったものの、就学支援シートの提出がなかった同じクラスの児童とたびたび衝突するようになりました。お母さんは会社が早く終わる日があると保育園を訪ね、ときには涙を流しながら、つらい状況を元担任と園長先生に訴えました。

学校公開も活用して小学校と連携

小学校への不信感が募り、お母さんがアポイントもなしに校長室に押しかけたという話を聞いて、「お母さんが小学校に伝えたい思いは、伝わっていないかもしれない」。そう考え、お母さんからの依頼もあって、小学校に連絡をしました。元の担任がその日のうちに小学校に出向き、Aくんやお母さんの気持ちを代弁する話をして、お母さんとのかかわり方も伝えました。

まもなく学校公開があり、元の担任も見に行きました。保育園と違って、小学校は三十数人をひとりの担任が見るため、子どもは先生に甘えることができません。小学校の先生が「いたずら」「問題行動」ととらえていたAくんの行動は、元の担任の目からは「大好きな担任の先生に振り向いてほしい。もっと甘えたい」というサインだと感じ、そのことを小学校にも伝えました。改めて丁寧に引き継ぎを行ったことで、お母さんは落ち着き、その後Aくんの問題行動は徐々に減っていきました。

現在5年生になったAくん。学年が上がって環境が変わるたびに、小さなトラブルはあるものの、担任の先生、特別支援コーディネーターの先生、スクールカウンセラーの尽力もあり、現在も通常学級で勉強に励んでいます。

橋場 コメント

Aくんは、医療や発達相談などの専門機関につながった経緯がなく、「気がかりな子」として、保育者も、母親も困惑していたと思われます。Aくんは描画や文字などに興味・関心を見せる一方で、思いどおりにならない場面ではかんしゃくや乱暴行動、自分勝手な逸脱行動が目立っていました。発達的な課題が見え隠れしています。

「就学支援シート」は、正しく理解されていない現実があります。特別支援範囲ゆえに、いわゆる「障がい」のある子が準備するもの、といったイメージが一部定着しており、就学に際して、わが子にそういった目線を歓迎しない親からは拒否的な反応が見られがちであることは否定できません。積極的に希望する保護者は多くはないのです。

園長先生コメント

素直に自分の思いを伝えたり、表現したりできるお子さんもいれば、わざと保育者を困らせたり怒らせたりするお子さんもいます。でも本当はみんな自分のことを認めてもらいたいし、大事にされたいと思っています。「困ったな」と思う行動からも、よく見ているとその子なりのメッセージが伝わってきます。大人がどう自分を見ているか、否定的に見ていると感じると、決して心は開きません。

小学校では子も親も、保育園ほど先生と濃密にかかわることはできなくなります。それでもお子さんのよさが認められ、大切にされた保育園時代の経験は、小学校以降も親子の生きる力になると思います。「保育園にいたときは何から何まで楽しかった」。卒園したある女の子が友達とトラブルを起こして一時学校に行けなくなったときに、そんな思いが彼女を支えたと話してくれた保護者もいます。

解説　4つの障がい範囲

2012年度に文部科学省からある数字が発表されました。「6.5%」という数字です（2002年度の初回調査では6.3%でした）。これは、全国の公立小中学校に在籍する子どもを対象に調べたもので、発達的な課題をもっていると推測される子どもの割合です。

この数字に代表される子どもたちは、就学していきなり発達的な課題が表れるわけではありません。つまり、幼児期からそのサインを見せながら育ってきているという事実なのです。

発達的な課題を抱える子どもたちは、さまざまなサインを発しながら、それぞれの人生をスタートさせています。

発達障がいは、次の4つの範囲に代表されます。

①自閉症範囲、②多動障がい範囲、③知的障がい範囲、④学習障がい範囲です。

発達障がいを抱える多くの子どもたちに共通していえるのは、外見からだけではその障がいの所在がわかりにくいことです。目の前にいる子どもたちに対して、発達上のさまざまな特徴、子どもの間に共通しているものと共

通していないものなど、どういうふうに見極めていけばいいのか理解がとても難しいというのが現状であり、保育者や教師を悩ませているのです。今、支援を必要とする子どもたちのために、いったい、どういう方法で、この問題をとらえていけばよいのでしょうか。一緒に事例を共有しながら、考えていくことにしましょう。なお、④の学習障がいは小学校入学以降に明らかになるケースがほとんどですので、ここでは①、②、③について、それぞれ詳しく見ていきます。

ＡＳＤ（自閉スペクトラム症／自閉症スペクトラム障がい）への取り組み

ＡＳＤ（Autistic Spectrum Disorders）の特徴

ＡＳＤ（Autistic Spectrum Disorders：自閉スペクトラム症／自閉症スペクトラム障がい）とは、従来「自閉症」と呼ばれていた障がい範囲ですが、医療診断基準のたび重なる改訂に伴って、その呼び名としての和訳名もいくつか変化しながら今に至っています。つい最近まで「広汎性発達障がい」ともいわれており、広く知られています。

ＡＳＤの子どもたちの精神発達状況やコミュニケーション、対人関係、身体運動、そのほかの発達度を連続的な広がりとしてとらえようとするスペクトラムという概念が周知されるようになりました。わかりやすくいえば、たとえば、知的に高い水準を見せる範囲から検査測定が困難な低い範囲まで分布しているのです。

おおよそ3歳までに発現するもので、以下の3領域のすべてに特徴的な機能不全（障がい）が見られています。

ASDの基本的な特徴は、次のようにまとめられます。

1　社会的相互交渉の障がい

社会的相互交渉においては、対人性・社会性の発達的障がいであり、人とのかかわり、集団活動への参加が苦手で困難な様子が多く認められています。いわば関心や興味が限定されているようにも見えます。

2　コミュニケーションの障がい

コミュニケーションにおいては、言語発達と非言語的発達の障がいであり、言語がないか、あっても会話としてのやりとりが難しく、オウム返しのような反応や独語（ひとりおしゃべり）、あ

るいは同じ言葉をくり返す様子が多く認められています。

3 定型的で常同的な行動

決まりきった形式で常同的な行動が見られます。固執したようにいつも同じような動作や行動をパターン的にくり返し、特定のものや状況・状態に強迫的にこだわる様子が多く認められています。

保育現場では、コミュニケーション困難、集団参加困難、こだわり行動などの特徴が目立っています。そのほかにも、対人的目線の合いにくさ、「やめようね」と何回教えてもくり返す、真剣に言い聞かせてもにやにやと笑っているなど、丁寧に説明すればするほど伝わらない状況が少なくありません。ＡＳＤの子どもたちは物事の細部に目はいくのですが、その物事の全体の意味を理解することが難しいのです。小学校（通常学級、支援学級、支援学校）入学後、スポーツや勉強をがんばる子はたくさんいますが、それらを対人関係のなかで生かしていくことはなかなか難しいのです。

ADHD（注意欠如・多動性障がい）への取り組み

ADHD（Attention-Deficit Hyperactivity Disorder）の特徴

ＡＤＨＤを抱える子どもたちは、その名が示すとおり、注意機能不全と多動性という基本的な課題をもっています。手短にいえば、注意機能とは、目で見たり耳で聞いたりするとき、その対象にきちんと意識を向け続けていられる働きです。そして、多動とは文字どおり、落ち着きがなく動きが多い状態です。

ＡＤＨＤを抱える子どもの多くは、落ち着きの乏しさと気持ちの不安定さが目立っていて、乳児期のハイハイの時期も、ひとり歩きができ始めた時期も、とにかくひとときもじっとしていなかったとわが子を振り返る親は少なくありません。

ＡＤＨＤの基本的な特徴は、次のようにまとめられます。

1　多動性

乳幼児期から極端な落ち着きのなさが目立っており、目の前に並んで置かれているおも

ちゃなどを次から次へと手にしては忙しく転々としてじっくり遊ぶ姿が乏しい、といったことが少なくありません。ひとときもじっとすることができないことから何かと目立った気になる存在になります。とにかく動き回るので目が離せない、危ない、集団の場では着席や列に並ぶことができない、おしゃべりやちょっかい行動も多く、他児とのトラブルにつながりやすいなどの点ではおおむね共通しているといってもよいでしょう。

2 注意散漫・不注意

乳幼児期から物事に注意や気持ちを集中させることの不得意さが目立っています。いわゆる集中持続困難・注意散漫です。たとえば、きちんと人の話を聞き続けることができないため大事なことを聞き漏らすことが目立っています。不注意なため単純なミスが多くなり、保育者や他児から注意されたり叱責を受けたりしてますます自己評価も下がり、課題に対して逃避的になることは珍しくありません。ときとして集団のなかで問題行動が増える原因になります。

3 衝動性

乳幼児期から突発的行動が多発し、保護者や保育者はハラハラ、ドキドキの毎日になります。家の中、外歩き、場面状況を問わず危険察知することなく突然行動するので、周囲は気が休まりません。徐々に周囲からの視線は厳しくなっていきます。

4 興奮性

乳幼児期から情緒の安定性は乏しく、自分の思いどおりにならない場面やちょっとしたことでかんしゃくを起こし、憤怒で泣き叫んだり、抵抗したりします。瞬時に興奮度を上げ、キレたように気持ちを爆発させることが少なくありません。年齢によっては乱暴、暴言などをくり返し、周囲が引いてしまうことが起こります。一方、おふざけも始まると止まらなくなります。しかし、こういった興奮状態から冷めたように落ち着きを取り戻した状態になると、素直に指示に従ったり、深く反省する姿を見せたりすることも多く認められます。

5 その他の特徴

全員に共通しているわけではありませんが、身体運動には困難性を見せます。手先は不器用なことが多く、いわゆる巧緻性は、課題となることが報告されています。たとえば、幼児期から幼稚園や保育園では、生活場面（衣服の着脱、ボタン・ファスナー操作、フォーク、スプーン、箸の扱い方など）、製作場面（折り紙、のり、はさみ、描画など）において一つひとつ上達するのに時間がかかる子どもが目立っています。

また、物事に固執性を見せることも少なくありません。特に自分のお気に入りのもの、順位の一番、勝ち負けなどへのこだわり、固執はよく聞かれるところです。

保育園においては、0歳児クラスの後半あたりから、膝上でも静かにじっとしていられない、と訴える保育者も多く、1歳児クラスに進級するころには本格的に目が離せなくなります。玩具の取り合いなどで他児とのトラブルも増え、集会などにも集中して参加することが難しくなります。興奮しやすく、衝動的・突発的行動も目立ち、危険察知ができず集団移動や戸外活動での個別的配慮が欠かせない状態となることも少なくありません。

そのつど何度も危ないこと、いけないことを教えても、言い聞かせても聞かず、成長するにつれ、どこでもイタズラが多発するようになります。ケガも多く、危ない行動が収まらない子も多数出現します。痛い経験をしても、しばらくするとまたくり返し、保護者も保育者も気が休まらず、子育ても保育も困難を伴うことが少なくありません。

知的障がい（精神遅滞）への取り組み

※日本においては、発達障害者支援法（平成16年文部科学省）の定義（第2条）があり、知的障がい（精神遅滞）は発達障がいには含まれていません。しかし、学術的領域や海外の医学的診断基準（たとえば、アメリカの精神疾患の分類と診断の手引きDSM－5）などにおいては、神経発達障がい群範囲として説明されています。

知的障がい（ID：Intellectual Disabilities）の特徴

従来の精神遅滞と同じ状態を意味しています。これまでは、「知的水準（知能指数）」と

「行動水準（生活行動能力）」によって診断されてきましたが、２０１３年の米国における診断基準の改訂に伴って、日本でも若干変わりました。簡単にいえば、知能指数よりも生活などへの適応能力がより重視されるようになっています。一般社会的な認識として、知能指数（ＩＱ）のみがひとり歩きしがちであったことは否定できません。生きていくうえでの適応行動水準が重要であることを忘れてはならないと思います。

知的障がいのひとつの特徴として、さまざまな疾患やほかの障がいと合併しやすいことが挙げられます。たとえば、偶発的な染色体異常であるダウン症候群や知的障がいを抱える自閉症範囲の人たちの存在は周知のところです。

成立要因としては、少なくとも３つ挙げられます。①生理的要因（おもに遺伝に基づくものです）、②病理的要因（出生の前後に伴うさまざまな病理的な原因です）、③環境的要因（環境に伴う刺激の有無などの原因です）。

乳幼児期には、物事や人とのかかわり、身体の動き、表情変化と感情表出（笑う、喜ぶ、怒る、怖がる、泣く、慕うなど）、覚醒度、集中性、興味や関心などに反応の弱さや乏しさを見せます。

いうまでもなく、子ども一人ひとりにはそれぞれに性格や個性、生育環境要因などに違いがありますので、みな同じではありませんが、知的障がいを抱える子どもの乳幼児期に比較的よく見受けられる様子は以下のとおりです。

1 運動発達

粗大運動（走ったり、跳びはねたりなど）が苦手で動きの模倣などがスムーズにできないことが少なくありません。それでも表情よく参加する子もいれば、うまくできないために徐々に消極的になっていく子までさまざまです。また、微細運動（手先の器用な動きなど）にも不得意さが見られ、製作課題などに時間がかかったりします。生活行動（排泄、衣服の着脱、食事など）にも影響します。

2 コミュニケーション

言葉の発達が遅れがちになり、やがてコミュニケーション（会話、やりとり）が上手にとれないことが目立ってきます。成長に伴い、幼児期以降は徐々に表現スキルが上達してくることもありますが、さまざまな面で、同年齢の他児より遅れた状態が目立っています。

3 理解

物事の理解や遂行が年齢相応にこなせず、やっていることの内容がよくわからないため、たどたどしい状態が続き、なかなか活動への自信ももてず、思うように動けずにいるような様子が見られます。たとえば、自信なさそうな表情（ぼんやりと不安な表情）、イエス・ノーがあいまいで問われても答えられない、自分から尋ねることができないなどです。

4 社会性

愉快でおもしろそうなことには興味を示して参加したり、簡単な手伝いや作業などをやりたがったりする子は少なくありません。保育集団のなかでは、乱暴行為や争いごとは苦手です。おだやかで笑顔も多く、雰囲気的にやさしい印象の子が多く見られます。

5 自己統制

幼児期は年齢が上がっていくにつれて、どうしてよいかわからない場面が多くなり、涙を見せたり、戸惑いや不安にとらわれたりする状態も少なくありません。

保育空間においては、年齢が上がるにつれて、他児との差が徐々に目立ってくることになります。発達状況を見ていくことが必要で、常に客観的な目線が大切なのです。同時に、1歳半健診や3歳児健診もそのいいきっかけになります。そのうえで、より早期に専門的な相談と発達検査に基づいて、さらなる保育および子育て支援を実施していくことが求められるのです。

おわりに

―発達障がいを理解した支援―

発達障がいのある子どもたちには精神機能から身体・生理的機能に至るまでのさまざまな課題や困難性が認められています。なかには発達・知能検査から判断、期待される内容に見合わない、説明のつかない状態も多々あり、加えて精神障がいとの明確な違いがあるのか、ないのかも不明なことなど、何ひとつ釈然としないまま今日に至っています。「特別支援」の取り組みのさらなる強化がうたわれる昨今、日々悩みながら、工夫し、試しながら、自分たちの保育・教育を実践している関係者の数はいったい、どれほどになるのでしょうか。さらに、保護者支援の方法においても同様にますます現場職員のスキルアップが求められているのです。

子どもの発達・成長への願いは、一人ひとりの子どもに即した、障がい理解に根ざした支援方法が重要であり、その実践が個人の人生のスタートでもある乳幼児期から構築・開発され、共有されていくことが、今まさに切実に求められています。

保育の本筋はとても大切ですが、障がいが介在している場合は、それは配慮（区別）と言い替えることもできます。たとえば、子どもたちみんなに同じように説明しても、目の前にいる発達障がいのある子には伝わらないことが頻繁に生じます。そのような場合、言い方や表現を工夫する必要があります。つまり、区別＝配慮して考える必要があるのです。個人に見合った工夫した方法で手渡し、対処していくことが重要なのです。しかしまた一方では、保育を預かる担任だからといって、すべて自分の責任であると過剰に思い悩むことも望ましくありません。乳幼児期に発達課題のすべてを解決することはとても難しいのです。

発達障がいの完治は困難ですが、ひとりの例外もなく学びながら成長・発達することはできるのです。すべての子どもの生きる道筋は、みんなと一緒に生きていくためにあります。さまざまな問題が浮上しても、そのつど工夫して対処しながら、互いに手を握り合いながら生きていく道筋です。そして、さらにその過程で新しい知見も生まれてきます。それを共有できるつながりこそが、いうまでもなく重要なのです。乳幼児期に向き合う私たち大人が互いにコミュニケーションを深めていけば、子どもと一緒に生きてゆく明日が必ず見えてくるのです。

臨床発達心理士スーパーバイザー　橋場　隆

橋場 隆（はしばたかし）

臨床発達心理士スーパーバイザー。筑波大学大学院修了。専門は知能・情緒障害リハビリテーション。東京都内各地の公共障がい施設、教育・保育機関において相談業務に携わる。著書に『発達障がいの幼児へのかかわり——概要・取り組み・77のQ&A』（小学館）。

装丁／レジア
デザイン／レジア（上條美来）
編集／『新 幼児と保育』編集部（阿部忠彦、佐藤暢子）
イラスト／松本孝志、大枝桂子、ホリナルミ、上島愛子
DTP／中島由希子
校正／松井正宏

初出
『新 幼児と保育』
2014年度　6/7月号、8/9月号、10/11月号、2/3月号
2015年度　4/5月号、6/7月号、8/9月号、12/1月号、2/3月号
2016年度　6/7月号、8/9月号、10/11月号、12/1月号
2017年度　4/5月号、6/7月号、8/9月号、10/11月号、12/1月号、2/3月号
2018年度　10/11月号
『0・1・2歳児の保育』
2014年度　夏号、早春号
※ 一部加筆・再構成しています。

保育者のための 発達障がい相談室

2019年1月29日　初版第1刷発行

著者　橋場 隆
発行人　杉本 隆
発行所　株式会社　小学館
〒101-8001
東京都千代田区一ツ橋2-3-1
電話　編集　03-3230-5686
販売　03-5281-3555
印刷所　萩原印刷株式会社
製本所　株式会社若林製本工場

ISBN 978-4-09-840198-7